Matt Galan Abend

Leben wie neu geboren

Noch einmal
ganz anders anfangen
ganz anders denken
ganz anders handeln

Zeichnungen von Anette Kramer

via nova
Verlag Via Nova

1. Auflage 2007

Verlag Via Nova, Alte Landstraße 12, 36100 Petersberg

Telefon: (0661) 62973

Fax: (0661) 9 67 95 60

E-Mail: info@verlag-vianova.de

Internet:

www.verlag-vianova.de

Umschlaggestaltung:

Stefan Hilden Produkt- & Grafik Design, München

Satz: typo-service kliem, 97647 Neustädtles

Druck und Verarbeitung: Fuldaer Verlagsanstalt, 36037 Fulda

ISBN 978-3-86616-088-0

Inhalt

Einführende Gedanken

Wir werden in diese Welt hineingeboren, wir durchleben unsere so genannte Kindheit, wir werden erwachsen, wir vermehren uns – oder auch nicht, wir werden alt, sterben und machen der nächsten Generation wieder Platz.

Diesen sich seit Menschengedenken wiederholenden Ablauf bezeichnen wir dann als ein menschliches Leben: Geb. . . . . Gest. . . . . So wird es dann auch einmal in allen Urkunden, auf unserem Grabstein und vielleicht sogar in der Zeitung stehen.

Der Ablauf ist immer gleich und wird auch in Zukunft gleich bleiben. Lediglich die Urkunden, Grabsteine, Urnen, Totenhemdchen usw. haben sich mit der Zeit verändert und werden sich auch weiterhin verändern. Am vorgegebenen Rhythmus hingegen ändert sich nichts. Auch wir werden keine Ausnahmeregelung erhalten.

Unsere menschliche Existenz endet in jedem Fall tödlich.

Aber wie kann man dann in einem Leben zweimal geboren werden, wie es der Titel dieses Buches ankündigt? Wir können uns doch nicht ganz klein machen, zurück in den Mutterleib schlüpfen und das Ganze einfach noch mal von vorne beginnen.

Natürlich können wir das nicht. Inzwischen wären wir wohl auch (in jeder Hinsicht) etwas zu sperrig geworden und keiner Mutter mehr zumutbar. Auf der körperlichen Ebene können wir in einem Leben mit Sicherheit nicht zweimal geboren werden.

Aber wir existieren ja nicht nur auf der körperlichen Ebene. Die Konstruktion Mensch ist eine Kombination aus Geist und Materie, und auf der geistigen Ebene können wir durchaus *so etwas wie eine zweite Geburt* erleben, obwohl dies so nicht ganz korrekt ausgedrückt ist. Überlegen wir einen Moment:

Unser geistiger Kern, das, was z. B. das Christentum als Seele bezeichnet, ist unsterblich und unbegrenzt.

Dieses unbegrenzte Ich existierte bereits vor unserem Körper und wird auch nach unserem Körper weiter existieren. So kann es also nicht zweimal erschaffen werden. Und trotzdem ist so etwas wie das Erlebnis einer zweiten Geburt schon allein dadurch möglich, dass wir uns unserer unbegrenzten geistigen Existenz, mit allen sich daraus ergebenden Konsequenzen, erst einmal so richtig bewusst werden, dass wir das Wissen um unsere wahre Identität auf allen Ebenen in unser kurzzeitiges menschliches Leben integrieren.

Indem uns so etwas wie ein Licht aufgeht, indem wir plötzlich Dinge und Zusammenhänge erkennen, über die wir bisher nicht einmal nachgedacht haben. Wenn wir unser Leben dann aus dieser neuen Perspektive und nicht mehr vordergründig aus der Ebene unserer begrenzten körperlichen Existenz betrachten, wie man es uns in langen Konditionierungsprozessen zu einem *nützlichen Mitglied der menschlichen Gesellschaft* in der Regel beigebracht hat, dann erleben wir tatsächlich so etwas wie eine zweite Geburt.

Wenn wir z. B. den Mut entwickeln, nicht mehr einfach so zu funktionieren, wie man uns beigebracht hat, wenn wir uns unseres wirklichen Seins bewusst werden und unser körperliches Marionettendasein durchschauen.

Wenn uns klar wird, dass das, was wir bisher für unser Ich gehalten haben, nichts anderes ist als das, was man in uns hineingepaukt hat, dann ändern sich unser Leben und auch unsere Lebensqualität ganz gewaltig. Wir erleben dann tatsächlich so etwas wie eine zweite Geburt.

Aber Vorsicht: Das, was ich hier sage, ist keine Einladung zum Ausstieg, wie dies so oft missverstanden wird, ganz im Gegenteil! Aussteigen oder sich verweigern ist natürlich immer das Einfachste.

Wir machen einfach nicht mehr mit, verweigern die Teilnahme an den Wirrungen und Irrungen der menschlichen Gesellschaft, ziehen auf eine einsame Insel oder ziehen uns als Selbstversorger auf einen kleinen Bauernhof zurück und halten das Gartentor verschlossen. Leider der komplette Unsinn, denn mit all dem stellen wir uns selbst ins Abseits, nehmen wir uns selbst aus der Entwicklung heraus, verordnen uns selbst den Stillstand.

Wir haben nicht die Chance dieses Lebens bekommen, um dann daraus auszusteigen. Sobald wir unser wahres Sein erkennen, steigen wir nicht aus, sondern steigen erst so richtig ein.

Wir verabschieden uns nicht, ganz im Gegenteil, wir melden uns erst jetzt so richtig an. Aber wir tun dies aus einer neuen Perspektive, die uns viele unserer bisherigen Mühen und Plagen erspart. Wir erleben eine neue Sicht der Dinge und diese neue Sichtweise lässt uns dann auch zu ganz neuen Ergebnissen kommen.

1. ***Wir kämpfen nicht mehr, wir beobachten und setzen unsere Ursachen ganz gezielt auf der geistigen Ebene.***
2. ***Wir richten unser Leben nicht mehr nach den Erwartungen anderer aus und leben auch selbst relativ erwartungsfrei.***
3. ***Es ist uns nicht mehr so wichtig, wie andere etwas sehen, es ist uns nicht einmal mehr so wichtig, wie wir es sehen.***
4. ***Wir wissen um die Subjektivität aller Meinungen und Wahrheiten, auch unserer eigenen.***
5. ***Wir stehen über den Dingen, statt darin zu stecken.***
6. ***Wir leben das Leben, statt dass das Leben uns lebt.***

Wir können die Welt nicht ändern, wir können nur unseren Umgang mit dieser Welt ändern.

Wenn Ihnen dies spontan zu utopisch und undurchführbar erscheint, haben Sie bitte etwas Geduld. Dieses Buch besteht ja nicht nur aus den wenigen Seiten, die Sie bisher gelesen haben. Im weiteren Verlauf werden Sie sehr wohl erkennen, dass grundsätzliche Änderungen durchaus möglich sind, und vor allem werden Sie erkennen, warum Ihnen solche Änderungen bisher nicht möglich schienen: sicher Ihre wichtigste Erkenntnis, denn nur durch Erkennen können wir etwas ändern.

Nur an dem,
was wir erkannt haben,
können wir arbeiten.
Solange wir es nicht erkannt haben,
arbeitet es an uns.

Das, was ich Ihnen mit diesem Buch anbiete, hat nichts mit einer bestimmten Religion zu tun. Wenn ich z.B. sage, dass unser unbegrenztes Sein so etwas wie unser göttliches Erbe ist, dann mögen Sie dabei Ihren Gott benennen, wie Sie wollen. Vielleicht lehnen Sie auch die Existenz eines Gottes völlig ab. Weder für Gott noch für mich ein größeres Problem. An Ihrer grundsätzlichen Zweiteilung zwischen unbegrenztem Geist und begrenzter körperlicher Materie ändert sich auch dann nichts.

Allerdings müssen wir uns hüten, das, was ich hier als Geist bezeichne, mit unserem Verstand zu verwechseln. Unser Verstand ist ebenso begrenzt, wie unser Körper begrenzt ist.

Wenn Sie z. B. die Statik einer Brücke berechnen, dann ist dies eine reine Leistung Ihres dazu trainierten Verstandes. Wenn Ihnen hingegen plötzlich etwas klar wird, was Sie bisher mit Ihrem Verstand nicht erkennen konnten, wenn sie sozusagen eine Eingebung oder Vision haben, wenn Ihnen plötzlich ein Licht aufgeht, dann kommt dies allein aus der unbegrenzten geistigen Ebene.

Albert Einstein erging dies so bei seiner Relativitätstheorie. Er sagte sinngemäß: *Ich habe meine Erkenntnisse über das All nicht durch logisches Nachdenken.* Kein Wunder, so etwas kann ein begrenzter Verstand nicht erdenken.

In all meinen Büchern weise ich immer wieder auf diesen entscheidenden Unterschied hin. Seien Sie mir also nicht böse, wenn Sie diese Klarstellung sinngemäß schon einmal gelesen haben. Ich kann nicht voraussetzen, dass jemand alle Bücher von mir liest.

Machen wir uns immer bewusst:
Nichts ist so, wie wir es sehen.
Nicht einmal wir selbst.

Wir sehen etwas so, wie man uns beigebracht hat, es zu sehen. Nichts ist z. B. aus sich heraus gut oder schlecht, richtig oder falsch. Erst unsere Bewertung macht es für uns zu etwas Richtigem oder Falschem.

Aber wenn wir es nüchtern betrachten, ist es ja gar nicht „unsere“ Bewertung. Es ist die Bewertung, die man uns beigebracht hat und die wir dann im Laufe der Zeit durch eigenes Erleben immer weiter aufgebaut und verstärkt haben.

Die Arbeitsweise unseres Unterbewusstseins beinhaltet dabei ein ganz gravierendes Problem für uns: Unser Unterbewusstsein, das man auch mit einem großen Archiv vergleichen kann, addiert einer einmal gefundenen (Schein-)Wahrheit fleißig all das hinzu, was dieser Wahrheit entspricht, und blockiert umgekehrt alles, was dieser Wahrheit entgegensteht. Auf diesem Weg wird das bereits früh Erlernte und Erfahrene zu einer Bastion, die immer mächtiger und unangreifbarer wird.

Aber diese erlernte Bewertung betrifft natürlich immer und ausschließlich unsere begrenzte Ebene, unseren Körper, unseren Verstand.

Unser begrenzter Verstand, der vorwiegend mit den Aufzeichnungen unseres Unterbewusstseins arbeitet, repräsentiert somit nichts anderes als die Summe unserer individuellen Erfahrungen.

Wenn ich sage: „Nichts ist so, wie wir es sehen“, dann möchte ich das an einem ganz einfachen Beispiel verdeutlichen: Wenn wir in der sengenden Mittagssonne ein Stück Schatten sehen, sehen wir dann tatsächlich etwas Reales? Ist nicht vielmehr der Baum, der den Schatten wirft, das Reale, oder ist nicht gar die Sonne, die das Ganze erst hervorbringt, das Reale? Aber was ist, wenn die Sonne untergeht – geht dann auch unsere Realität unter?

Die unterschiedlich gesehene Realität führt natürlich zu völlig unterschiedlichen Bewertungen. Nehmen wir dazu ein aktuelles Beispiel: In den Tagen, in denen ich diese einführenden Gedanken schreibe, wurde Saddam Hussein, der ehemalige irakische Diktator, samt einigen seiner engsten Gefolgsleute nach den gegen sie ergangenen Gerichtsurteilen hingerichtet. Immerhin eine so genannte Realität, aber war das nun falsch oder war das richtig?

Es gab Menschen, die aufgrund dieser Realität Freudenfeste veranstalteten und größte Genugtuung empfanden, und es gab Menschen, die heftigst protestierten, Rache schworen und ihn als „in ihren Herzen unsterblich“ erklärten. Daneben gab es Menschen, die zwar eine gerechte Strafe forderten, aber die Todesstrafe prinzipiell ablehnten. Wer hat nun Recht? Wer lebt in der richtigen Wahrheit?

Möchten Sie das entscheiden? Seien Sie sicher, was auch immer Sie entscheiden, es wäre eine Entscheidung, die Sie allein aus Ihrem Blickwinkel treffen und die deshalb jemand, der gelernt hat, die Angelegenheit aus einem ganz anderen Blickwinkel zu betrachteten, nicht akzeptieren würde. Eine für alle Seiten gleichermaßen akzeptable Lösung würden auch Sie nicht finden können. Etwa: „Ein bisschen Tod hätte er ja schon verdient, aber es muss doch nicht gleich …“ geht leider nicht.

Nun haben wir zwei Möglichkeiten: Wir akzeptieren, dass wir nun einmal unterschiedliche Blickwinkel haben, oder wir kämpfen so lange miteinander, bis wir einen Sieger ermittelt haben, der dann den – wahrscheinlich kurzzeitigen – Triumph hat, seine Sichtweise als die alleinige Wahrheit verkünden zu dürfen. Aber wird seine Wahrheit dadurch wahrer?

Wenn wir z. B. behaupten, dass wir etwas mit unseren eigenen Augen gesehen haben, ist dies zwar richtig, aber unsere eigenen Augen haben es so gesehen, wie man sie gelehrt hat, es zu sehen. Sie sehen mit einem Programm, das man uns beigebracht hat, ein Programm, in das wir hineingewachsen sind.

Glauben Sie etwa, dass z. B. der Siebzehnjährige, der einen Türkei-kritischen Journalisten auf offener Straße erschoss, den darin zum Ausdruck kommenden Hass ganz allein in sich selbst entwickelt hat? Sicher wird man ihn bestrafen, aber wer bestraft die, die ihn so programmiert haben? Wer straft die, die ihn diesen Hass gelehrt haben? Trotz aller unterschiedlichen Charaktere wird niemand aus sich allein heraus zum Terroristen.

Verinnerlichen wir also die Erkenntnis, dass die Brille, durch die wir sehen, keineswegs so klar ist, wie wir meinen. Selbst wenn wir glauben, dass etwas doch „ganz klar“ auf der Hand liegt, ist dies ganz allein unsere Klarheit.

Es sind auch nicht immer die weltbewegenden Themen, bei denen diese Grundproblematik offenbar wird. Es genügen allein zwei Menschen, um auch zwei verschiedene Sichtweisen feststellen zu können. Zu diesen unterschiedlichen Sichtweisen muss nicht einmal die unterschiedliche Prägung eines ganzen Kulturkreises beitragen. Menschen können sich sogar recht nahe stehen und sehen trotzdem nicht durch die gleiche Brille: ein Ehepaar z. B., zwei Freundinnen, selbst Geschwister usw.

Nicht alle Einfärbungen unserer Brille geschahen zu unserem Vorteil. Nicht alle Einfärbungen unserer Brille geschahen zu unserem Nachteil.

Sehen wir die Tatsache der Einfärbungen zunächst einmal völlig wertfrei und versuchen wir auch die Tatsache zu akzeptieren, dass ausnahmslos jeder Mensch – unabhängig von einer vielleicht augenblicklich bei ihm vorherrschenden Modefarbe – durch eine gefärbte Brille sieht.

Wie viel unnötiges Leid, wie viel unnötige Auseinandersetzungen, wie viel Kriege, Hass, Missgunst und Streit könnten vermieden werden, wenn wir auch nur diese eine einfache Wahrheit verinnerlichen würden.

Ich sehe es so – du siehst es so.

Wie sollte daraus ein Problem entstehen können, wenn wir uns gegenseitig das Recht zugestehen, es so zu sehen, wie wir es nun einmal sehen? Die eine Sichtweise ist so subjektiv wie die andere.

Niemand ist im Besitz einer allein gültigen Wahrheit. Niemand ist so gottähnlich.

Leider hat es wenig Sinn, darauf zu warten, dass die Menschheit das doch endlich einmal begreifen wird. Ich weiß nicht einmal, ob die Menschheit das jemals begreifen wird. Zumindest werden es derzeitige Generationen wohl kaum noch erleben, dass man so etwas z. B. in der Schule oder im Elternhaus lehrt. Ausnahmen bestätigen natürlich auch hier die Regel.

Unser Warten wäre somit nichts anderes als ein faules Alibi – ich verstehe es ja, aber die anderen! Wenn wir wollen, dass sich etwas ändert, müssen *wir* mit der Umsetzung solch einfacher Erkenntnisse in unserem Alltag beginnen, in der Familie, einer Partnerschaft, im Freundeskreis, in der Nachbarschaft, der Firma, dem Verein usw.

***So, wie wir uns ändern,
ändert sich auch unser Umfeld.***

So, wie wir toleranter werden, wird auch unser Umfeld toleranter, auch wenn Sie das spontan nicht für möglich halten und sogar das Gegenteil erwarten, da Sie es vielleicht schon des Öfteren probiert haben, dann aber umso mehr ausgenutzt wurden. Dies ist immer nur ein kurzfristiger Effekt, auf Dauer hat das Umfeld keine Chance, denn wir stehen für gewisse Dinge einfach nicht mehr zur Verfügung.

Streit braucht immer einen Partner. Wenn wir nicht mehr als Streitpartner zur Verfügung stehen, läuft jeder Streit irgendwann ins Leere.

Versuchen Sie mal alleine und ohne jeden Gegner Fußball zu spielen. Vielleicht halten Sie das eine Viertelstunde durch, aber die Lust daran wird Ihnen sehr schnell vergehen und Sie schauen sich nach einem Mitspieler um. Immer nur sich selbst zu umdribbeln und den Ball vielleicht gegen eine Betonwand zu schießen, wirkt auf Dauer lähmend. Keiner schaut hin, keiner hört hin, keiner schießt den Ball zurück! Ätzend, würde man wohl heute dazu sagen.

Das heißt nun nicht, dass wir so etwas wie meinungslos werden und einfach alles akzeptieren. Dieser Schluss wäre ebenso falsch wie der Entschluss eines Ausstiegs. Natürlich haben wir unsere eigene Meinung, natürlich vertreten wir diese Meinung, aber während wir unsere Meinung vertreten, realisieren wir gleichzeitig, dass wir uns nicht im Besitz der Wahrheit befinden und auch etwas ganz anderes richtig sein könnte. Wir sehen es zwar so, wissen aber auch, dass man es ganz anders sehen könnte.

Durch diese neue Offenheit werden wir zu viel besseren Zuhörern.

Wirkliches Zuhören geht immer dann verloren, wenn wir uns schon vorher im Besitz der Wahrheit wähnen. Warum sollten wir da noch zuhören – wir kennen ja die Wahrheit?

Jedes konträre Argument unseres Gegenübers wird lediglich zu einem neuen Ansatzpunkt unserer nie endenden Überzeugungsarbeit. Wann wird unser Gegenüber es endlich einsehen? Als Diskussion oder gar als Gedankenaustausch kann man so etwas nicht bezeichnen.

Hier wird nichts ausgetauscht, hier wird um die Ohren geschlagen! Hier wird um Sieg und Niederlage gerungen.

Dass der anscheinend Besiegte dann bei nächster Gelegenheit versucht, uns seinerseits wieder um die Ohren zu schlagen, überlegen wir dabei leider viel zu selten. Und so bewegen wir uns in einem klassischen Kreisverkehr von Siegen und Besiegtwerden, ohne jemals die Ausfahrt zu finden.

Nun wird mancher Leser einwenden wollen, dass so etwas natürlich im privaten Bereich ganz nützlich sein könnte, aber z. B. in einer Firma nicht unbedingt anwendbar ist. Hier müsse es doch jemanden geben, der die Richtung vorgibt, hier müsse es doch jemanden geben, der das Sagen hat, hier müsse es doch eine für alle verbindliche Firmenphilosophie und -strategie geben, oder die Firma laufe Gefahr, zu einem führungslosen Hühnerhaufen zu werden. Nun, selbst ein Hühnerhaufen ist nicht ganz führungslos, aber das ist jetzt nicht unser Thema. Lassen Sie mich trotzdem Folgendes anmerken:

Eine Firma ohne Diskussionskultur, eine Firma, die nicht bereit ist, ihr gesamtes Denken, Auftreten und Verhalten immer wieder selbst in Frage zu stellen, und stattdessen blinde Gefolgschaft verlangt, wird auf Sicht keinen Erfolg haben. Sie wird auf der Stelle treten und rechts und links überholt werden.

Gleichgültig, ob es sich dabei um eine große Aktiengesellschaft, einen mittleren Familienbetrieb oder um die Firma „Ich“ handelt. Die Gesetzmäßigkeiten sind immer und überall gleich. Sie gelten sogar für Politiker, auch wenn diese Damen und Herren meist das genau gegenteilige Verhalten erkennen lassen.

Auch hier könnte man versucht sein zu sagen, dass doch gerade Politiker von ihren Thesen überzeugt sein müssen, um sie dann auch glaubwürdig vertreten zu können. Aber Verzeihung – werden wir etwa dadurch glaubwürdiger, dass wir unflexibel werden und nichts anderes mehr gelten lassen? Dass wir rechts und links von uns nichts mehr erkennen und wie ein wilder Stier auf ein rotes Tuch zurennen? Ich glaube nicht, dass dies ein auch nur irgendwie geeigneter Weg sein könnte, uns glaubwürdiger zu machen. Wir gelten dadurch höchstens als verbohrt oder fanatisch.

Nun habe ich immer wieder von der gefärbten Brille gesprochen, durch die wir die Welt betrachten, von den Konditionierungen, denen wir unterworfen waren und mit denen wir zu einem nützlichen Mitglied der menschlichen Gesellschaft geformt wurden. Ich habe auch ausdrücklich festgestellt, dass dies nicht ausschließlich zu unserem Nachteil, sondern vieles auch zu unserem Nutzen geschah.

Aber gleichgültig, ob Vorteil oder Nachteil, all diese Anstrengungen hatten unsere völlige Identifikation mit dem, was wir sind, mit dem, was wir haben, mit dem, was wir können usw., zum Ziel, was uns dann in Form von Zeugnissen, Begutachtungen, übertragenen Aufgaben, Titeln und finanziellen Abgeltungen bestätigt wurde.

Herr Müller ist ein ganz ausgezeichneter Ingenieur und wir sind ja so froh, dass wir ihn haben!

Ist da eigentlich jemand froh, Herrn Müller zu haben, oder ist da jemand froh, seine Funktion als ausgezeichneten Ingenieur zu haben? Was betrifft Herrn Müller und was betrifft den Ingenieur? Seien Sie ganz sicher, in unserer heutigen Leistungsgesellschaft ist Herr Müller so austauschbar wie das Hemd, das er trägt. Niemand ist wirklich an Herrn Müller interessiert, solange er nur gut ins Team passt und seine Leistung erbringt.

Das Fatale daran ist, dass auch Herr Müller sich immer mehr mit seinem „Ingenieur" identifiziert und auch sein Selbstwertgefühl damit verbindet. Sein „Ich" ist der Ingenieur, der Ingenieur ist die Brille, durch die er sich und die Welt betrachtet, und wenn der Ingenieur dann einmal nicht mehr gebraucht wird, bricht auch sein gesamtes, darauf fundiertes Ich zusammen.

Dies können wir mit jedem Beruf verbinden, von der Hausfrau und Mutter bis zum Vorstandsvorsitzenden eines Konzerns. In meiner Praxis erlebe ich immer wieder Mütter, die keinen rechten Sinn mehr in ihrem Leben sehen und nichts mehr mit sich anzufangen wissen, weil die Kinder nun aus dem Haus sind. Was machen sie? Sie rennen den Kindern hinterher, drängen sich auf, werden lästig, dann umso deutlicher zurückgewiesen und beklagen anschließend die Ungerechtigkeit dieser Welt. Haben sie sich nicht immer aufgeopfert? Und nun dieser Dank!

Ich erlebe Manager, die todunglücklich sind, weil sie niemand mehr braucht. Sie waren immer nur eine Funktion, sie waren nie sie selbst und suchen nun krampfhaft nach etwas, das sie machen könnten. Nur nach sich selbst suchen sie nicht. Da allein läge die Lösung, aber nach was sollen sie da suchen?

Und so spielen sie Golf, machen sich im Vereinsleben nützlich, organisieren Turniere usw., bis endlich wieder jemand sagt, dass man froh ist, Herrn Dr. Fleißig zu haben. Wir wüssten gar nicht, wie wir das ohne ihn alles schaffen sollten.

Aber auch dies wird über kurz oder lang enden und auf seinem Grabstein werden die beiden unausweichlichen Daten: Geb. . . . , Gest. . . . , stehen. Natürlich begleitet von einem Kranz des Golfclubs, und auch die alte Firma versichert wahrscheinlich auf dem gleichen Weg, dass sie ihm immer ein ehrendes Andenken bewahren wird.

Geb. . . . . , Gest. . . . . , aber leider nie gelebt.

Ein Mensch wird geboren...

Ich möchte dieses Kapitel mit einem Zitat des Dichters Johann Wolfgang von Goethe beginnen, der Folgendes sagte:

Wenn wir geboren werden, stehen alle um uns herum und lachen – und wir weinen.

Wenn wir gestorben sind, stehen alle um uns herum und weinen – und wir lachen.

Auch er skizziert damit den Zeitraum eines menschlichen Lebens zwischen Geburt und Tod, deutet aber auch gleichzeitig so etwas wie die Ergebnisspanne eines Lebens zwischen Start und Ziel an: Weinend am Start, lachend am Ziel!

Glücklich, wer sein Ziel lachend erreicht!

Auch hier gibt es zwei mögliche Gründe des Lachens. Ein befreites Lachen, weil die unsägliche Quälerei nun endlich vorüber ist, oder ein zufriedenes Lachen, weil es ein recht vergnügliches Spiel war, aus dem wir uns nun verabschieden. Ich möchte mit diesem Buch erreichen, dass Sie aus letzterem Grund lachen.

Es ist nicht unbedingt ein Vergnügen, geboren zu werden. Wir, das unbegrenzte, geistige Wesen, finden uns in einem kleinen, begrenzten, unbeweglichen, materiellen Körper wieder. Es ist wie ein Gefängnis, in das wir eingesperrt werden, und hätten wir nicht während des Tiefschlafs dieses Körpers wenigstens dann und wann einmal ein wenig Ausgang, wäre es wohl nicht zum Aushalten.

Es hilft uns zumindest am Anfang noch ein wenig zu wissen, um was es geht, dass wir wissen, warum wir dieser Erde einen erneuten Besuch abstatten und was wir hier zu erlernen haben. Auf der unbegrenzten, geistigen Ebene war uns dies noch alles klar. Hier waren wir sogar selbst an dieser Entscheidung beteiligt, aber in diesem Körper geht uns dieses Wissen immer mehr verloren.

Wir wussten z. B., warum wir uns ausgerechnet diese Eltern ausgesucht haben, warum wir ausgerechnet diesen Platz einnehmen wollten. Genau hier sollte uns unsere neuerliche Lernaufgabe serviert werden, hier sollten wir genau den Lernstoff vorfinden, den wir brauchten. Aber nun fragen wir uns, ob wir da nicht etwas falsch gemacht haben. Hatten wir uns das nicht ganz anders vorgestellt?

Das einzige, was unsere Eltern zu verstehen scheinen, ist, dass wir Hunger haben oder von dieser klebrigen und stinkenden Masse befreit werden möchten, die unsere untere Körperhälfte zeitweise umgibt, und dass wir diese Befreiung dann durch entsprechendes Schreien einfordern. Sonst leben sie in einer völlig anderen Welt als wir. Eine Kommunikation ganz ohne Worte, wie sie in der geistigen Welt möglich war, ist hier leider unmöglich.

Sie wollen, dass wir uns mit diesem engen und unbeweglichen Körper identifizieren, wir aber würden – im wahrsten Sinne das Wortes – lieber das Weite suchen.

Sie wissen, verehrte Leser, wie aussichtslos unsere Fluchtgedanken sind. Das einmal angelaufene Programm läuft mit der Präzision eines Schweizer Uhrwerks weiter. Unsere Abrichtung zu einem nützlichen Mitglied der menschlichen Gesellschaft ist durch nichts zu bremsen, und alle glauben sogar fest daran, uns etwas Gutes zu tun.

Wenn ich z. B. sage, dass Richard, so hat man meinen Körper genannt, müde ist, so werde ich umgehend dahin belehrt, dass „ich“ müde bin. Das verstehe, wer will, ich bin ja gar nicht müde, es ist lediglich dieser Körper, der abschlafft und müde ist, ich bin topfit!

Sie wollen unbedingt, dass ich zu diesem Körper „Ich“ sage und ihn nicht immer bei dem Namen nenne, den man ihm gegeben hat.

Aber ich bin doch gar nicht dieser Körper, ich bewohne ihn lediglich für eine gewisse Zeit.

Wenn die Menschen ein Haus bewohnen, sagen sie doch auch nicht „Ich" zu diesem Haus. Was soll dieser Unfug? Können Sie das verstehen?

Nun, letztlich bleibt mir nichts anderes übrig, als ihren Wünschen zu folgen, denn wenn ich ihren Vorstellungen folge, haben sie mich immer „ganz toll lieb", wie sie sagen, und das ist dann auch immer mit einer Belohnung verbunden.

Belohnungen sind etwas sehr Schönes. Dann spüre ich immer so etwas wie Liebe, Nähe und Verbundenheit. Dort, wo ich herkomme, war das allerdings ganz normal, dort war ich immer mit allem verbunden und musste dazu nicht einmal besonders lieb sein, wie man es hier von mir erwartet.

Was bedeutet das eigentlich: „lieb sein"?

Meinen Eltern bedeutet es jedenfalls sehr viel, denn sie fordern mich immer wieder auf, „lieb zu sein."

Verzeihen Sie mir diesen kurzen Ausflug, verehrte Leser. Ich habe die lebenslange Auseinandersetzung unserer beiden Ebenen aus unbegrenztem Geist und begrenzter, körperlicher Materie in meinem Buch „Das doppelte Ich" anhand meiner eigenen Lebensgeschichte ausführlich behandelt und möchte deshalb diese Problematik hier nur kurz anklingen lassen. Der Ausgang dieser ersten Umpolung unserer Ich-Identifikation auf unseren Körper ist Ihnen ohnehin bekannt.

Inzwischen plappere ich brav das nach, was man mir vorplappert, und als ich endlich zwischen Mama, Papa, Oma, Opa, Auto und anderen Dingen unterscheiden kann, dazu auch noch die bereits geschilderte übelriechende Masse in ein dafür vorgesehenes Töpfchen platzieren kann, bin ich natürlich ganz lieb und „groß genug" für den Kindergarten.

Wenn wir damit schon einmal beim Begriff „Garten“ sind, können wir den Vergleich mit einem Garten ruhig weiterführen. Allerdings ist dies hier weniger ein Garten als vielmehr noch ein Frühbeet, in dem kleine Pflänzchen vorgezogen werden, was bei entsprechend lockerem Boden, genügend Düngung, Licht und Wärme in der Regel sogar ungeübten Gärtnern gelingt.

Bei kleinen Menschen ist das nicht viel anders. Auch sie brauchen einen lockeren Boden, genügend Düngung, Licht und Wärme. Aber mit dem lockeren Boden ist das so eine Sache. Schließlich sollen wir Pflänzchen ja auf die Auspflanzung vorbereitet werden und da, wo wir demnächst hinkommen, in die große Schule, würde ein ganz anderer Wind wehen, wie uns die Leiterin des Kindergartens immer wieder versichert.

Also versucht sie uns so etwas wie Disziplin beizubringen, denn ohne Disziplin gehe im Leben gar nichts, wie sie uns immer wieder versichert.

Disziplin scheint etwas zu sein,
was man tut,
obwohl man es nicht tun möchte,
dafür aber das nicht tut,
was man eigentlich tun möchte.

Zumindest so ähnlich, denn ganz verstanden habe ich das nie. Wenigstens ist sie ganz zufrieden, wenn wir etwas tun, was wir eigentlich nicht tun wollen, aufräumen z. B. Nun liegt wieder alles „ordentlich“ an „seinem Platz“, wie sie dann zufrieden feststellt, aber welchen Sinn hat das, wenn wir es morgen doch wieder auseinander räumen? Besteht der ganze Sinn im dauernden Ein- und Ausräumen?

Ein seltsames Spiel, was die Erwachsenen sich da haben einfallen lassen! So ähnlich wie das andauernde An-, Aus- und Umziehen.

Aber nicht nur das Spielzeug, auch wir haben natürlich „unseren Platz“, auch wir sollen „ordentlich“ dasitzen, wenn nicht gerade Toben erlaubt ist, was ich eigentlich am liebsten tue. Auch unsere Kleider sollen „ordentlich“ da hängen, zumindest üben wir das jeden Morgen in unserem Frühbeet. Sie wissen ja, wegen der späteren Auspflanzung.

Es gibt dazu sogar einen Haken, über dem unser Name steht, und für die, die ihren Namen noch nicht lesen können, ist auf dem Schildchen noch eine Nuss, ein Apfel, eine Banane oder Ähnliches abgebildet. Meine Jacke hängt unter der Banane. Manche Kinder nennen mich deshalb Banane, was ich gar nicht mag.

Natürlich wird der Grad unserer Disziplin, Ordentlichkeit und auch Einordnung brühwarm unserer Mutter berichtet, die immer dann „ganz stolz“ auf uns ist, wenn wir Fortschritte machen, und Sie wissen ja, die anschließende Belohnung ist durchaus erstrebenswert, auch wenn es z. B. nur ein Eis ist!

So, wie das Spielzeug und die Kleider täglich eingeordnet werden, sollen auch wir lernen uns einzuordnen, denn eine Gemeinschaft könne nur dann funktionieren, wenn sich jeder einordnet, wie uns auch dabei wieder eindringlich versichert wird. Man hat uns umso lieber, je weniger Probleme wir machen, je mehr wir ein „braves Kind“ sind.

Ziehen wir eine erste Bilanz:

1. ***Von unserem anfänglichen Aufruhr gegen das enge Gefängnis unseres Körpers ist nichts mehr übrig geblieben.***
2. ***Wir haben inzwischen gelernt, uns vollkommen mit unserem Körper und dem Namen, den man ihm gegeben hat, zu identifizieren.***
3. ***Wir haben auch gelernt, unsere Körperfunktionen so weit zu beherrschen, dass wir für das Frühbeet Kindergarten reif waren.***
4. ***Wir haben unsere ersten Erfahrungen mit dem gemacht, was die Erwachsenen als Disziplin bezeichnen.***
5. ***Wir haben gelernt, was Ordnung ist, dass alles seinen Platz hat und dass auch wir uns einordnen müssen.***

6. *Wir haben gelernt, dass man uns umso lieber hat, je weniger Probleme wir bereiten.*
7. *Wir haben gelernt, dass wir für unsere Einordnung belohnt werden.*

Unserer Auspflanzung ins Freigelände steht somit nichts mehr im Wege!

Der „Ernst des Lebens“ beginnt

So sagte man mir jedenfalls, als endlich der langersehnte erste Schultag begann. Ich bin nun ein „Schulkind“, und das bedeutet immerhin eine ganze Menge mehr, als in den Kindergarten zu gehen. Man zählt irgendwie schon zu den Großen, auch wenn die noch Größeren einen weiterhin als klein betrachten.

Meine Eltern sind wieder einmal ganz stolz auf mich und so sind, zumindest von dieser Seite aus, keine weiteren Komplikationen zu erwarten. Ich werde ordentlich herausgeputzt und bekomme eine Riesentüte mit Süßigkeiten in die Arme gelegt, die ich mit meinen Händen gar nicht richtig festhalten kann. Eine schwergewichtige Einstiegshilfe, die ich da bekomme – aber warum? Wenigstens stehe ich nicht alleine mit so einem Ding rum. Alle Kinder haben schwer daran zu tragen.

Wenn ich den Inhalt dieser Tüte mit den üblichen Belohnungen aus der Kindergartenzeit vergleiche, muss ich etwas ungeheuer Liebes vollbracht haben, auf das meine Eltern nun so unglaublich stolz sind. Mir selbst fällt dazu aber nichts Besonderes ein, ich war eigentlich so, wie ich immer war. Aber das heißt nicht viel.

Nicht immer ist für mich durchschaubar, was nun lieb und was gerade nicht lieb ist. Meine Eltern haben da ganz eigene Ansichten.

Manchmal will ich was Liebes tun und dann ist es falsch, und manchmal glaube ich etwas Falsches getan zu haben, und ausgerechnet das wird dann als „ganz lieb“ bezeichnet. Wer kennt sich da schon wirklich aus?

Mich beschleicht ein seltsames Gefühl: Ist das Ganze mit der Tüte vielleicht nur ein Ablenkungsmanöver, das mich vom angekündigten Beginn vom „Ernst des Lebens“ etwas abbringen soll? Haben meine

Eltern vielleicht schon jetzt ein schlechtes Gewissen für das, was da jetzt alles auf mich zukommen wird? Aber das kann ich mir nun auch nicht so recht vorstellen, denn sie sind ja ganz fröhlich dabei. Würden sie mich sogar fröhlichen Herzens in etwas hineinlaufen lassen, vielleicht um wieder einmal „ganz stolz“ auf mich sein zu können?

Warum sind meine Eltern eigentlich nicht stolz auf sich selbst?

Warum bin ich immer dafür zuständig, dass sie stolz sein können?

Meine Mutter sagte sogar einmal ganz deutlich, dass ich „ihr ganzer Stolz“ sei.

Natürlich wird alles fotografiert und alle Omas, Tanten und sonstigen Verwandten bekommen natürlich ein solches Foto zugeschickt. Irgendwie ist mir etwas mulmig bei der Sache. So ganz durchschauen kann ich nicht, was hier abläuft. Bin ich jetzt anders, als ich vorher war, nur weil ich ein „Schulkind“ bin? Müssen deshalb jetzt alle ein neues Foto bekommen? Haben sie nicht schon genug Fotos von mir?

Ich merke dann schon sehr bald, was in dieser „richtigen Schule“ anders und auch durchaus ernst ist.

Durften wir im Kindergarten meist Dinge tun, die „uns Spaß machten“, so müssen wir jetzt Dinge tun, die offensichtlich nur den Lehrern Spaß machen, rechnen z. B.

Natürlich werden wir auch hier belohnt, wenn wir etwas richtig machen. Nicht wie früher mit einem Eis oder etwas Ähnlichem. Eisessen während des Unterrichts wäre ja ohnehin verboten.

In diesem neuen Ernst des Lebens fühlen wir uns schon allein dadurch belohnt, dass der Lehrer uns vor der ganzen Klasse lobt, dass er z. B. sagt, dass wir ganz besonders gut aufgepasst haben, dass er vielleicht sogar einen Eintrag ins Klassenbuch macht, und noch besser, wenn er es dann auch noch unserer Mutter erzählt.

Die ist dann wieder einmal „ganz besonders stolz“ auf uns, Sie kennen das bereits, und die Belohnung kann dann durchaus wieder in der bekannten Eis-Währung enden. Diesmal aber nicht einfach ein Tüteneis. Wir dürfen mit ins Eiscafé und bekommen einen bunten Becher zugesprochen. Schließlich sind wir ja jetzt ein Schulkind, das sich zu benehmen weiß. Im Ernst des Lebens groß zu werden hat also auch seine Vorteile.

Etwas irritiert hat mich, dass auch unser Lehrer, wie er deutlich sagte, „ganz stolz auf uns“ war, als die Frau Rektorin mit jemandem vom Schulamt die Klasse besuchte und wir so ziemlich alles fein säuberlich nachplappern konnten, was er uns mühsam eingetrichtert hatte. Ich konnte sogar Dinge nachplappern, die ich in keiner Weise verstanden hatte.

Nun sind wir also nicht nur für den Stolz unserer Eltern, sondern auch noch für den Stolz unseres Lehrers zuständig. Aber Gott sei Dank bin ich da ja nicht alleine. Wenigstens ist diese Bürde auf viele Schultern verteilt.

So schön und vertraut uns der Mechanismus der Belohnungen auch ist, so unangenehm ist jetzt ein ganz anderer Mechanismus, den wir ebenfalls kennen lernen. Neben der Belohnung lassen sich die Erwachsenen so etwas wie das Gegenstück einfallen, das sie dann als „Bestrafung“ oder „Disziplinierung“ bezeichnen.

Funktionieren wir so,
wie man es von uns erwartet,
werden wir belohnt.
Funktionieren wir nicht so,
wie man es von uns erwartet,
werden wir bestraft.

Es ist nicht anders als bei dem Hund, den wir zu Hause haben. Er wird gelobt und gestreichelt, wenn er brav seine Männchen macht, und muss zur Strafe in die Ecke, wenn er dazu zu faul ist oder sich dumm stellt. Allerdings habe ich den Eindruck, dass meine Eltern das bei unserem Hund nicht so ernst nehmen wie bei mir.

Schließlich ist der ja nur ein Hund, aus mir aber soll einmal ein „ordentlicher Mensch" werden. Manchmal möchte ich auch einfach nur Hund sein!

Warum ist das Menschsein so kompliziert?

In meiner Klasse zähle ich körperlich leider nicht zu den größten und stärksten. Manchmal muss ich erleben, dass meine Mütze als Fußball benutzt wird, ohne dass ich sie den stärkeren Mitschülern entreißen kann.

Zu Hause kann ich das aber unmöglich erzählen, denn dann wäre man ganz bestimmt nicht stolz auf mich. Mein Vater wünscht sich einen Sohn, der sich zu wehren weiß und fest im Leben steht, so wie er das immer getan hat.

Als dann ein Lehrer, der meine Schwierigkeiten in einer Pause beobachtet hat, meiner Mutter davon berichtet, werde ich in einen Judokurs geschickt, damit ich dort endlich lerne, mich zu wehren. Als ich aber das Erlernte gleich an den Nachbarskindern ausprobiere, deren Mutter sich dann darüber umgehend bei meiner Mutter beschwert, ist es auch wieder nicht richtig.

Ja, soll ich nun oder soll ich nicht?

Es hat doch keinen Sinn, immer erst zu warten, bis ich eins auf die Nase bekomme, meine Mütze zum Fußball wird oder sonst etwas passiert, um mich wehren zu dürfen. Besser wäre es doch, alle wissen von vornherein, mit wem sie es zu tun haben. So habe ich es jedenfalls mal im Fernsehen gesehen. Da war einer, mit dem es niemand gewagt hätte, sich anzulegen. So möchte ich auch sein.

Was meine Eltern wieder einmal „ganz besonders stolz“ macht, ist die Tatsache, dass ich aufgrund meiner „schulischen Leistungen“ eine weiterführende Schule besuchen darf. Das macht sie nun einigermaßen sicher, dass aus mir einmal etwas Ordentliches wird und ich vielleicht sogar einmal die anwaltliche Praxis meines Vaters übernehmen kann.

Immerhin hätte ich dann einen angesehenen Beruf, und es wäre doch schön, wenn auch in diesem Bereich der „gute Ruf unserer Familie“ erhalten bliebe. Schließlich würden sie ja auch alles in ihren Kräften Stehende dazu beitragen. Da könne man ihnen sicher nichts vorwerfen.

Ziehen wir an dieser Stelle eine weitere Zwischenbilanz:

1. ***Der Einstieg in den angekündigten „Ernst des Lebens“ wurde uns massiv versüßt. Wir waren irritiert und erlebten zum erstenmal so etwas wie Zweifel.***
2. ***Wir spürten die Erwartungen, die man an uns hatte, wussten aber noch nicht so recht, was wir tun sollten, um sie zu erfüllen. Dass wir sie zu erfüllen haben, stand für uns außer Zweifel. Wozu sonst dieser Aufwand?***
3. ***Unsere anfängliche Unsicherheit bekam durch das System von Belohnung und Bestrafung so etwas wie eine klare Richtschnur.***
4. ***Schwierigkeiten hatten wir noch, die Balance zwischen Angriff und Verteidigung zu finden. Wann dürfen wir, wann müssen wir, wann sollten wir, wann sollten wir auf keinen Fall usw.***

Gehen wir zum nächsten Abschnitt unserer Dressur:

Das Gymnasium, das ich nun besuchen darf, hat einen ganz besonders guten Ruf, wie mir meine Eltern versichern. Es sei nicht leicht gewesen, mich hier unterzubringen, und ich solle die Chance, die ich dadurch bekäme, nur ja nicht leichtfertig vertun. Es sei ein altehrwürdiges Gymnasium und ein höchst angesehenes. Schon mein Vater habe hier sein Abitur gemacht, und der habe es ja schließlich zu etwas gebracht im Leben. Hoffentlich würde ich meine Eltern nicht enttäuschen!

Nun, von christlicher Ethik, die als Fundament dieses Gymnasiums gilt, habe ich natürlich auch schon in der Grundschule gehört. Ich habe gelernt, was richtig und was falsch ist, welche Gebote und Verbote ich zu befolgen habe, warum unser Gott der einzige und wahre Gott ist, und auch, was meine Heimat ist, der ich für immer verbunden bleiben werde.

Seine Wurzeln könne man nicht einfach ausreißen und woanders wieder eingraben, meint auch hier im Gymnasium einer meiner Lehrer. Verzeihung, Studienräte sind es jetzt natürlich. Und so lerne ich alles über meine eigenen Wurzeln, mein Volk, seine Kultur und Geschichte, seine Dichter und Denker und auch so ziemlich alles über jedes andere Volk und seine Herrscher kennen, vor allem dann, wenn sie irgendwo einmal Krieg geführt hatten.

Krieg zu führen scheint demnach eine Leistung zu sein, mit der man in die Geschichtsbücher eingeht. Kein Krieg – kaum ein Eintrag – selber schuld!

Nun will ich Sie nicht weiter mit dem Lehrstoff eines Gymnasiums langweilen, in dem ohne Zweifel sehr viel Brauchbares enthalten ist. Schließlich soll es ja auf das Leben vorbereiten. Aber mir persönlich kommt es bei meinen Betrachtungen in diesem Buch mehr auf das an, was zwar nicht im Lehrplan einer solchen Einrichtung steht, was wir hier aber umso deutlicher lernen:

Den Wert von Designer-Klamotten z. B., unseren Stellenwert im Sport, den Imagewert eines Handys, den Stellenwert unserer Eltern als finanzielle Förderer des Gymnasiums oder Mitglieder des Elternbeirats, den Stellenwert der Firma unseres Vaters, seiner Funktion im Stadtrat usw.

Wir lernen den Unterschied zwischen denen kennen, die den Ton angeben, und denen, die in den Ton mit einstimmen, um nicht außerhalb des Chores zu stehen.

Wir lernen z. B., welche Freunde wir haben dürfen und in welches Haus wir ein- und ausgehen dürfen. Wer z. B. das Geld hat, seine Freunde nach dem Unterricht zu McDonald's einzuladen und dann später auch Partys im elterlichen Haus zu geben. Vor allem, wenn diese gerade wieder einmal in ihrem Haus auf Mallorca sind.

Wir lernen ein gesellschaftliches Gefüge kennen, in dem auch wir einen ganz bestimmten Platz einnehmen.

Unseren Platz gilt es ständig abzusichern, auszubauen und höher zu schrauben.

Schließlich wollen wir ja weiterkommen und unsere Eltern sollen stolz auf uns sein können. So haben wir es gelernt und so haben unsere Eltern es uns vorgelebt.

Etwas abseits stehe ich noch dadurch, dass ich keine Freundin habe, was aber ab einem bestimmten Alter ein absolutes Muss zu sein scheint. Zwar gibt es ein Mädchen, das ich sehr gerne mag und das sich auch für mich zu interessieren scheint, aber meine Eltern meinen, dass gerade die ganz und gar nicht zu mir passt – und überhaupt deren Familie. Ich soll sie nur ja nicht mit nach Hause bringen, und zudem hätte ich ja auch noch Zeit. Lernen wäre jetzt wichtiger.

Andererseits lockt mich die holde Weiblichkeit ungemein. Wenn einige Klassenkameraden mit ihren Erfahrungen prahlen, fühle ich mich total außen vor und kann unmöglich zugeben, dass mir solche Erfahrungen noch fehlen. Ich kompensiere das dann meist dadurch, dass ich freizügig Zigaretten anbiete, was mich immerhin als Mann von Welt ausweist.

Einer hat mich tatsächlich schon einmal gefragt, ob ich vielleicht schwul sei, und mir die Empfehlung gegeben, es doch mal mit der Karin zu probieren. Die würde es mit jedem treiben und bei der könnte ich bestimmt was lernen. Aber genau diese Karin mag ich nun wieder nicht. Aber wenn es ums Lernen geht?

Bestimmt würde ich mich bei ihr lächerlich machen, und womöglich würde sie es dann auch noch weitererzählen. Ich versuche deshalb lieber, meine Bildungslücke im Internet zu schließen. Zumindest kann man dort das, was die Mädchen so geheimnisvoll verstecken, in aller Deutlichkeit betrachten und dabei auch einen gewissen Druck loswerden.

*

Die nächste Zwischenbilanz:

Wir lernen ein neues Wertesystem kennen. Wurden wir bisher an dem gemessen, was wir taten, so werden wir nun auch an dem gemessen, was wir haben (Freundin, Handy, Geld, Mountainbike, Klamotten usw.), und auch an dem, was unsere Eltern haben oder nicht haben (Firma, Haus, Auto, Position, Einfluss usw.)

In diesem Wertesystem können wir ganz offensichtlich ein Minus auf der einen Seite durch ein Haben auf der anderen Seite wieder ausgleichen.

Hilfst du mir in Mathe oder lässt mich sogar abschreiben, lade ich dich auf das Schiff meines Vaters ein, wo du dann auch ... kennen lernen kannst.

Rufst du mich am Nachmittag mindestens dreimal auf meinem Handy an, was mir bei Nadja, die ich aufreißen möchte, eine ungeheure Wichtigkeit verleiht – schließlich wollen Frauen nur Männer, die verlangt werden –, leih ich dir dafür meine CDs.

*

Mit dem näherrückenden Abitur werden diese Spielchen immer enger und einige geraten darüber nahezu in Panik. Es naht sozusagen die Stunde der Wahrheit. Mit dem Erwartungsdruck der Eltern im

Nacken geht es nun vor allem denen schlecht, die die neue Währung allzu reichlich eingesetzt haben. Die allzu großzügig „eingekauft“ haben.

Ob der Vater es dann noch einmal richten kann, wie ihm das schon so oft gelungen ist, ist fraglich und die Gefahr, vom Stolz der Eltern zur „Schande der Familie“ zu mutieren, rückt mit jedem Tag näher.

Niemand wird auch dann noch stolz auf uns sein, wenn unsere Gegenleistung ausbleibt. Es bleibt dann nur noch der Weg in die Strenge einer Privatschule. Wenn Vater es schon nicht richten konnte, wird er das doch zumindest zahlen.

Aber Gott sei Dank gehöre ich zu denen, die es geschafft haben. Meinem Studium steht also nichts mehr im Wege und ein Studienplatz in meiner Stadt konnte auch gefunden werden.

Eigentlich hätte ich gern woanders studiert, so mit eigener Bude und dem lockeren Studentenleben, das wir uns in unserer Phantasie immer wieder ausgemalt haben. Aber Mutters Koch-, Wasch- und Zimmerservice ist auch nicht zu verachten und vor allem sehr viel preiswerter. Diesen Argumenten konnte ich mich nicht verschließen und den alten VW, den mir meine Eltern aufgrund dieser Ersparnis schenken konnten, ziert nun die Aufschrift ABI …

Damit fahre ich nun täglich zur UNI, aber mit jedem Tag sinkt meine anfängliche Freude über dieses Gefährt. Stehen doch auf dem Parkplatz ganz andere Schlitten, die etwas leisten, was meine Belohnung keineswegs leisten kann. Sie geben etwas her, was ein alter VW leider nicht hergeben kann – Prestige –, und gerade dies ist doch so wichtig, wie ich ja auch schon im Gymnasium gelernt habe.

Wäre es nicht vernünftiger, den völlig neutralen öffentlichen Bus zu nehmen? Den Frotzeleien auf dem Parkplatz würde ich dadurch zumindest entgehen, aber was würden meine Eltern sagen, die doch so stolz auf ihren „vernünftigen“ Sohn waren? Ihrerseits hatten sie auch zusätzlich noch auf etwas verzichtet, um mir die Freude des

VW zu machen. Man weiß ja, wie teuer z. B. heute die Autoversicherung für einen Anfänger ist.

Ich bin in eine Zwickmühle geraten. Wie könnte ich meine Abneigung gegen den alten VW erklären, ohne ihnen dabei weh zu tun? Mir kommt dieses Vehikel inzwischen vor wie meine Schultüte am ersten Tag, schon da war mir ja irgendwie mulmig. Soll ich mich nun in diesen alten VW eintüten lassen?

Mir kommt eine rettende Idee! Ich stelle meine Schultüte auf Rädern einfach auf einem gebührenfreien Parkplatz zwischen Elternhaus und UNI ab und fahre den Rest des Weges mit dem öffentlichen Bus. Gegenüber allzu neugierigen Mitstreitern kann ich das ohne Schwierigkeiten mit erwachter Umweltverantwortung erklären, da der alte VW ja nicht gerade als schadstoffarm einzuordnen ist.

So könnte ich sogar noch großartig dastehen, und sollten meine Eltern einmal das Fahrzeug auf dem Parkplatz entdecken, gab es halt irgendein technisches Problem, das mich zwang, das Fahrzeug dort stehen zu lassen.

Komme ich dann am Abend trotzdem damit nach Hause, habe ich es eben selbst reparieren können, was meine Eltern dann sicher auch wieder „ganz stolz" macht. „Unser Sohn ist ja so geschickt!"

Man muss sich in diesem „Ernst des Lebens" eben zu helfen wissen.

Eine gewisse Schlitzohrigkeit kann da nur von Vorteil sein. Auch wenn ich einmal die elterliche Anwaltspraxis übernehmen soll, ist dies praktisch so etwas wie eine Grundvoraussetzung. „Üb immer Treu und Redlichkeit" wird in diesem Beruf nicht allzu weit führen. Schließlich habe ich schon gelernt, dass ein Anwalt nur seiner Mandantschaft und nicht unbedingt der Wahrheit verpflichtet ist.

Bewusst die Unwahrheit sagen darf er allerdings auch nicht, aber er muss ja nichts sagen. Ja, er darf sogar nicht einmal dann etwas sagen, wenn er die Wahrheit kennt und diese Wahrheit gegen seinen

Mandanten sprechen würde. Also habe ich doch ein Recht auf eine gewisse Schlitzohrigkeit, oder?

Nun, verehrte Leser, Sie kennen oder erahnen zumindest den weiteren Fortgang dieser Geschichte: Studienabschluss, Praktikum, Referendarszeit, Doktortitel oder auch nicht usw. Danach in den Staatsdienst, in die Wirtschaft oder in die Selbständigkeit. Aber in meinem Fall wartete ja die väterliche Anwaltspraxis.

Die Namen von Vater und Sohn zieren nun das Praxisschild, Verzeihung, das Schild der Kanzlei natürlich. Eine Bezeichnung, die immer eine gewisse Abneigung in mir auslöst, denn schon früher wurde mir zu viel von der Kanzel herab um die Ohren geschlagen. Heute möchte ich keinesfalls mehr „abgekanzelt“ werden. Aber vielleicht ist das lediglich eine persönliche Animosität. Später kann ich das ja dann einmal ändern.

Natürlich sind die Eltern nun endgültig stolz, und auch der Sohn ist stolz, die Eltern stolz gemacht zu haben, und so stolziert er dann eine ganze Weile durchs Leben, bis er sich irgendwann einmal fragt, ob er das wirklich alles so wollte.

Habe eigentlich ich mein Leben so eingerichtet oder wurde es mir so eingerichtet?

Gedanken, die mit der Sprengkraft einer geballten Dynamit-Ladung plötzlich explodieren oder sich langsam als schleichendes Gift verbreiten.

Aber wir wollen nicht vorgreifen. Für unseren Musterknaben gibt es immer noch etwas zu tun, auf das seine Eltern wieder einmal ganz bestimmt stolz sein würden. Die Erfüllung ihres Wunsches nach Enkeln, die den guten Ruf der Familie dann hoffentlich ebenfalls weitertragen werden, blieb ihnen bisher versagt.

Natürlich werden solche Erwartungen nur unterschwellig kundgetan, denn bisher stand ja der Beruf im Vordergrund. Die Gründung einer Familie sollte aber nur auf einem wirtschaftlich soliden Fundament erfolgen. Schließlich war und ist Vater immer noch täglich mit juristischen Auseinandersetzungen konfrontiert, die auf einem allzu leichtfertigen Umgang oder gar der Missachtung solcher Voraussetzungen basieren.

Aber nun wäre es eigentlich an der Zeit. Dazu braucht man nun einmal eine Frau, obwohl der Sohn doch sonst so tüchtig ist und damals selbst seinen alten VW . . . Sie wissen schon. Also beschließt Mutter etwas nachzuhelfen.

Eine Mutter hört nie auf, eine Mutter zu sein, wie sie sagt, und so beginnt sie sich erneut um das Wohl ihres Kindes zu kümmern.

Schon bei ihrer Mutter war das so, noch auf dem Sterbebett hatte sie sich Sorgen um das Wohl ihrer Tochter gemacht und ihr Tipps gegeben. Also werden so oft wie möglich Leute eingeladen, die heiratsfähige Töchter vorzuweisen haben. Standesgemäße Töchter natürlich, aber der geliebte und umsorgte Sohn zeigt sich zum erstenmal widerspenstig.

Er will nicht schon wieder so etwas wie eine Schultüte. Er denkt, dass es ganz allein seine Sache ist, ob er heiratet und wen er heiratet. Generell ist ihm dazu überhaupt noch nicht zu Mute, und Männer sollen ja noch bis ins hohe Alter zeugungsfähig sein. Also, wozu die Eile?

Als Mutter ihren unterschwelligen Druck nicht reduziert, droht er sogar aus dem elterlichen Haus auszuziehen, was er dann letztlich sogar tut.

Zum erstenmal in seinem Leben hat er das Gefühl, sich durchgesetzt zu haben und sein Leben selbst zu bestimmen. Die neu gewonnene Freiheit wird reichlich ausgekostet.

Auch Mutters Angebot, in seiner Wohnung doch mindestens einmal in der Woche nach dem Rechten sehen zu dürfen, damit er nicht total verkommt und auch immer frische Wäsche hat, blockt er erfolgreich ab.

Er probt mit aller Konsequenz seinen ersten Aufstand.

Was aber die Freude an seiner neuen Freiheit etwas trübt, ist die Tatsache, dass es seiner Mutter nun gesundheitlich immer schlechter geht. Herzprobleme haben sich eingestellt, und nicht selten wird er spät abends noch ins elterliche Haus gerufen, weil Mutter nach ihm verlangt. Wie sie sagt, hat sie Angst, und man weiß ja nie, wie oft man sich noch sieht. Manchmal kann es ja ganz schnell gehen, wie man ja immer wieder liest.

Seine Freundin, die inzwischen so etwas wie seine feste Gefährtin geworden ist, findet das naturgemäß weniger lustig und droht nun ihrerseits mit Trennung.

Er ist zwischen die Besitzansprüche zweier Frauen geraten und fühlt sich darin einigermaßen hilflos.

Seine Gefährtin möchte er auf keinen Fall verlieren, zurück ins elterliche Haus möchte er auch nicht, aber einfach alles so weiterlaufen lassen wie bisher geht auch nicht. Mutter zieht immer mehr die Karte Krankheit.

Wie so oft findet Vater eine Lösung. Er schlägt vor, an das elterliche Haus einen großzügigen Anbau zu errichten, vollkommen getrennt, mit separatem Eingang natürlich und entsprechendem Gartenanteil, so dass der Sohn dort mit seiner Gefährtin ungestört leben könne und trotzdem in der Nähe sei, was ja auch für die gemeinsame Praxis, die sich im elterlichen Haus befindet, nicht ganz unpraktisch sei.

Sollten dann die Eltern einmal das Zeitliche gesegnet haben, läge es an ihm, eine der beiden Einheiten zu vermieten, so dass sich auch die zu tätigende Investition rechnen würde. Ungeheuer vernünftig, wie man neidlos anerkennen muss.

Die Falle schnappt zu.

Die Aussicht auf einen Neubau, dessen Aufteilung man weitgehend selbst bestimmen kann, die Überlegung, später dann auch mal die Kinder relativ unkompliziert in großelterliche Obhut geben zu können und dadurch ein Stück Unabhängigkeit zu gewinnen, was für die meisten Eltern ja ein Problem ist, die ersparte Fahrzeit zwischen Wohnung und Praxis usw. sind zu mächtige Köder, um letztlich nicht auch geschluckt zu werden.

Den Rest der Geschichte können wir uns ersparen. Natürlich wird geheiratet, was man ja ohnehin vorhatte, und nach einiger Zeit bevölkern auch zwei Enkel das neue Anwesen.

Das nächste Spiel schließt sich nahtlos an: Kindergarten, Schule … usw. … usw.

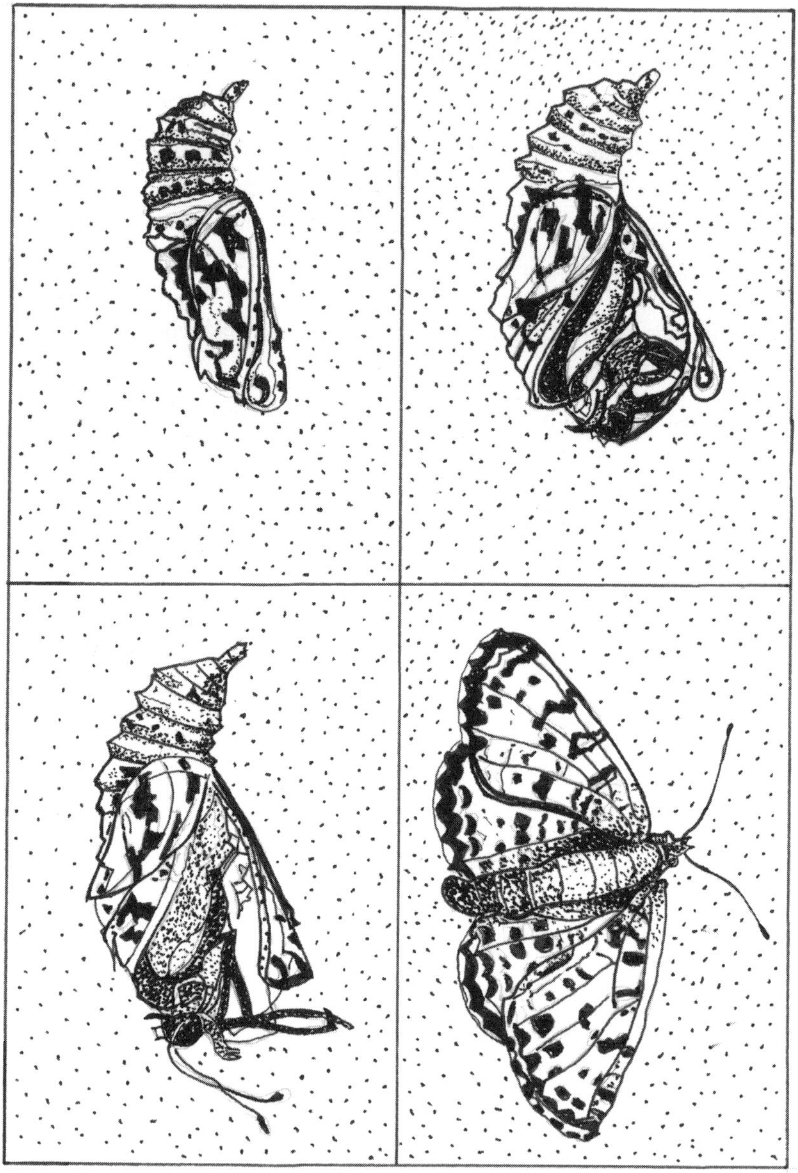

Wie war es bei Ihnen?

Die Geschichte, die ich Ihnen bis zu diesem Punkt erzählt habe, bekommt erst dann einen tieferen Nutzen für Sie, wenn Sie die darin geschilderten Abläufe mit den Stationen Ihrer eigenen Entwicklung vergleichen. Wenn Ihnen Dinge klar werden, die Ihnen vielleicht bisher noch nicht so klar waren.

Vielleicht erinnern Sie sich dabei nicht mehr an ein Frühbeet Kindergarten, vielleicht wissen Sie sogar, dass Sie definitiv nie in einem Kindergarten waren. Seien Sie ganz unbesorgt, das alles spielt keine große Rolle für das, was ich Ihnen vermitteln möchte.

Die entscheidenden Prägungen in den einzelnen Lebensabschnitten sind so oder so erfolgt.

Oder haben Sie etwa nicht gelernt, dass man „liebe und ordentliche Kinder“ lieber hat als andere? Haben Sie etwa nicht erfahren, dass Sie umso mehr gemocht wurden, je mehr Sie den Vorstellungen derer entsprachen, die Sie großgezogen haben? Wie auch immer deren Vorstellungen waren.

Vielleicht haben Sie aber auch die traurige Erfahrung machen müssen, von Ihren Eltern weder geliebt noch gemocht zu werden. Auch das macht für das, was ich Ihnen bewusst machen möchte, keinen großen Unterschied. In einem solchen Fall haben Sie mit Sicherheit versucht, Ihr schmerzlich empfundenes Defizit auf anderem Weg und bei anderen Menschen auszugleichen.

Selbst wenn Sie in total asozialen Verhältnissen aufgewachsen wären, hätten Sie versucht, dem Bild dieses Umfelds zu entsprechen und dadurch doch noch so etwas wie Liebe und Anerkennung zu erreichen.

Ja, selbst wenn Sie in einem Umfeld aufgewachsen wären, das sich ganz bewusst gegen die bestehende Gesellschaftsordnung stellte, wären Sie deshalb kein bisschen freier aufgewachsen, nur eben anders. Die Ideale wären anders gewesen, der Zwang, ihnen zu folgen, aber der gleiche. Auch hier hätten Sie gemocht und anerkannt werden wollen.

Die eine Unfreiheit ist so groß wie die andere.

Es spielt also keine Rolle, ob ich in meinem Beispiel ein relativ konservatives oder ein eher gegenteiliges Familienbild gewählt habe. Die Wirksamkeit früher Prägungen ist immer und überall gleich stark.

Was macht z. B. den Unterschied aus zwischen einem zwölfjährigen Palästinenser, der Steine gegen israelische Panzer und Soldaten wirft und in der Koranschule zum Kampf gegen die Ungläubigen aufgerufen wurde, und einem strenggläubig erzogenen zwölfjährigen Juden, der es gelernt hat, dem von Gott auserwählten Volk anzugehören und Palästinenser als zweitklassig zu betrachten?

Natürlich besteht der Unterschied in den jeweils anderen Betrachtungsweisen, aber es besteht kein Unterschied in den frühkindlichen Erziehungs-Mechanismen, die zu den unterschiedlichen Prägungen geführt haben.

Der eine ist so zufrieden wie der andere, wenn seine Eltern oder seine nächsten Bezugspersonen stolz auf ihn sind, und stolz sind sie, wenn er so ist, wie sie denken, dass er sein sollte.

Diese Fixierung kann sogar so weit gehen, dass Eltern stolz sind, wenn sich ihr Sohn oder ihre Tochter als Selbstmord-Attentäter in die Luft sprengen.

Der Mensch ist ein Herdentier. Es ist ein Urtrieb des Menschen, in seiner Herde gemocht und anerkannt zu werden.

Gleichgültig, in welche Herde er hineingeboren wird. Wenn wir einer Henne das Ei eines Pfaus zum Brüten unterlegen und der Pfau gleichzeitig mit den anderen geschlüpften Küken dieser Henne aufwächst, wird dieser Pfau zunächst die Gewohnheiten annehmen, die auch alle anderen Küken annehmen. Er wird mit den Verhaltensmustern eines Hühner-Kükens aufwachsen. Was sonst?

In meiner beispielhaften Geschichte habe ich den Weg der schulischen Ausbildung über Grundschule und Gymnasium geschildert. Andere Beispiele hätten nicht weniger Gültigkeit. Entscheidend ist, dass wir in dieser Lebensphase unter anderem in ein Wertesystem hineinwachsen, in dem die Gefahr besteht, dass z. B. ein Statussymbol mehr Wert erhält als wir selbst.

Dass wir unser eigenes Selbstwertgefühl an Dinge koppeln, deren Stellenwert vom Umfeld anerkannt wird, und hoffen, dass diese Anerkennung dann auch auf uns selbst abfärbt.

Derartige Statussymbole sind je nach Umfeld recht unterschiedlich. Es können z. B. bewusst getragene, zerschlissene Kleidungsstücke wie auch ebenso bewusst zur Schau gestellte Designer-Klamotten sein.

Es können demonstrativ ungepflegte grüne oder rote Haare wie auch die Modefrisur eines Coiffeurs sein.

Es können Tätowierungen oder Piercings sein, und es kann auch das erste teure Uhrengeschenk der Eltern sein.

Die Symbole sind unterschiedlich, die dahinter stehenden Mechanismen dagegen sind immer die gleichen.

Unsere Statussymbole zielen auf Anerkennung in dem Teil der Herde, in dem wir anerkannt sein möchten.

Insgesamt mehr als lächerlich, aber wer kann schon über sich selbst lachen? So etwas ist bitterernst.

Zumindest hat man uns nicht unbedingt beigebracht, darüber zu lachen. Dies würde ja bedingen, dass diejenigen, die an uns herumgezogen haben, die uns erzogen, gebogen und manchmal auch verbogen haben, ihrerseits über sich selbst lachen konnten. Aber die haben sich allesamt sehr ernst genommen. Sie wissen doch: Auf den „Ernst des Lebens" wollten sie uns vorbereiten.

Ich wurde in meiner Praxis von einem Mann mittleren Alters konsultiert, der über das bescheidene Familienvermögen von 4,6 Milliarden Euro verfügte. Ich habe drüber auch schon in einem anderen Buch berichtet. Dieser Mann bestand nur aus Pflichtgefühl und Sorgen. Pflichten gegenüber den anderen Familienmitgliedern, Sorgen um den Erhalt und die Vermehrung des Vermögens der Familie usw. Freude kam in seinem Leben so gut wie nicht vor und auch seine Lebensgefährtin ließ er emotional so gut wie verhungern.

Diese erwog dann sogar, sich von ihm zu trennen, worin ich sie nur bestärken konnte. Eine Heirat wäre ohnehin nicht in Frage gekommen, weil diese nicht „standesgemäß" und somit auch von der Familie nicht akzeptiert worden wäre.

Natürlich hatte er die teuersten Eliteschulen besucht. Es war wirklich an nichts gespart worden. Er hatte alles erlernt, was er brauchte, um den Vorstellungen seines Vaters zu entsprechen, der dieses Vermögen im Wesentlichen einmal aufgebaut hatte. Nur „leben" hatte man ihn nicht gelehrt.

„Leben" bestand für ihn darin, Erfolg zu haben und immer allen Anforderungen gerecht zu werden. Trotz seines wirklich enormen Vermögens lebte er – nach meinem Maßstab – in bitterer Armut. So käuflich diese Welt für ihn auch war, gab es doch so einiges, was er nicht kaufen konnte: Lebensfreude z. B., Liebe, Zufriedenheit, Glück, Erfüllung.

Aber, wie gesagt, dies ist mein Maßstab. Was würde es ihm am Ende seines Lebens nutzen, wenn er aus den 4,6 Milliarden 5,6 Milliarden gemacht hätte – was man in dieser Größenordnung wohl kaum verhindern kann, – aber niemals rechte und ehrliche Freude empfunden hätte? Wenn er immer nur vorbildlich funktioniert, aber niemals wirklich gelebt hätte?

Nun werden Sie vermutlich sagen, dass „Sie“ mit einem solchen Vermögen durchaus „zu leben“ wüssten und dabei auch ganz bestimmt so etwas wie Lebensfreude, Glück usw. empfinden könnten. Dass Sie dieser Meinung sind, kann ich natürlich verstehen, aber ich bin der festen und absoluten Überzeugung, dass auch Sie nicht viel anders leben würden, wenn Sie in der gleichen Weise geprägt worden wären, wie dieser Mann geprägt wurde.

Aus Ihrer jetzigen Sicht kann ich Ihre Überzeugung verstehen, aber diese Sicht hätten Sie in einem solchen Fall leider nicht.

Gehen wir noch einmal zu meinem Beispiel des jungen Palästinensers und des jungen Juden zurück, die sich hasserfüllt gegenüberstehen. Wagen wir dabei einmal folgenden Gedanken: Wären beide nach der Geburt miteinander vertauscht worden (es ist eines meiner Lieblingsbeispiele), wäre der kleine Jude folglich bei den Palästinensern und der kleine Palästinenser bei den Juden aufgewachsen, würden sie sich heute trotzdem genau so hasserfüllt gegenüberstehen, nur auf der jeweils anderen Seite.

Das, was man ihnen beigebracht hat, wie man sie konditioniert hat, wäre in jedem Fall stärker als ihr genetischer Ursprung. Niemals würde der junge Palästinenser auch nur auf die Idee kommen, dass er eigentlich ein Jude sein könnte, und niemals würde der junge Jude auf die Idee kommen, dass er ein Palästinenser sein könnte, obwohl es ebenso viel Verbindendes wie Trennendes zwischen diesen beiden Völkern gibt. Jesus von Nazareth z. B. war ein palästinensischer Jude und die Sprache, in der er lehrte, war Aramäisch.

Der Mensch ist im Grunde nichts anderes als das Ergebnis seiner Konditionierungen.

Ein Gefängnis, in dem wir ein Leben lang sitzen, wobei persönliche Veranlagungen und Schwerpunkte immer nur unwesentliche Variationen hervorbringen.

Aber es gibt einen Ausweg aus diesem Gefängnis, oder dieses Buch würde keinen Sinn haben. Doch zunächst möchte ich noch einmal zu unserem jungen Anwalt zurückgehen, der nun im neu errichteten Anbau des elterlichen Hauses und in Praxisgemeinschaft mit seinem Vater nicht nur lebt und arbeitet, sondern auch endlich die erwarteten Enkel gezeugt hat.

Die nächste Runde des immer gleichen Spiels beginnt mit den Enkeln ebenso, wie sie einmal mit den Eltern und Großeltern der Enkel begonnen hat. Kleinkindzeit, Frühbeet Kindergarten, Schule als Beginn vom „Ernst des Lebens", Ausbildung usw. usw.

Wir können bei dieser erneuten Runde davon ausgehen, dass mit Sicherheit siebzig bis achtzig Prozent der Prägungen, denen die jungen Eltern unterworfen waren, von diesen nun auch wieder an die Enkel weitergegeben werden.

Es war ja auch nicht unbedingt alles falsch, und das, was sie als verbesserungswürdig empfunden haben, wollen sie nun bei ihren eigenen Kindern ohnehin anders machen. Aber das ist so eine Sache mit dem Wollen. Der Wille ist das eine, die festgeprägten Muster sind das andere.

***Wir nehmen uns fest vor,
etwas ganz anders zu machen,
und erleben dann,
dass wir es wieder genau so machen,
wie wir es immer gemacht haben.***

Der oft gehörte Satz: „Man muss nur fest wollen, dann kann man auch", ist einer der größten Irrtümer.

Oder haben Sie das an sich selbst noch nie feststellen können? Was haben Sie sich nicht alles schon fest vorgenommen, was wollten Sie nicht alles schon unbedingt anders machen? Verzeihung, ich wollte nicht indiskret sein, aber wenn Sie sagen, dass Ihnen Ihre Vorhaben dann auch immer gelungen sind, belügen Sie sich selbst, und damit erweisen Sie sich keinen Dienst.

Wenn der willentliche Beschluss des Verstandes im Gegensatz zu den tief verankerten Strukturen auf der unbewussten Ebene steht, siegt am Ende immer und ausschließlich die verankerte Struktur.

Machen Sie sich in einem solchen Fall keine Vorwürfe. Sie sind nicht besser oder schlechter als andere, Sie haben auch keinen schwächeren Willen. Sie haben aber ganz offensichtlich bei Ihrem Umbauversuch die falschen Techniken benutzt.

Wenn Sie eine auf der unbewussten Ebene verankerte Prägung ändern wollen, geht dies nicht durch plötzlichen Willensbeschluss, sondern immer nur durch einen allmählichen und schrittweisen Umbau dieser Prägung.

Lassen Sie doch z. B. einmal Ihren Verstand beschließen, dass Sie vor fünfzig Leuten einen Vortrag halten werden, obwohl die tief in Ihnen verankerte und erfahrene Wahrheit besagt, dass Sie dies unmöglich können, dass Sie sofort rot werden und dann anfangen zu stottern.

Ihr mutiger Verstandesentschluss könnte im wahrsten Sinne des Wortes in die Hose gehen, aber inzwischen gibt es ja auch Windeln für Erwachsene.

Wenn Sie tief verankerte Prägungen und Glaubenssätze um- oder abbauen wollen, geht dies nur durch systematisches Training und eine dauernde Wachsamkeit, wie ich sie z. B. in meinem Buch „Das doppelte Ich“ geschildert habe.

Wenn ich Ihnen heute z. B. die Technik des Stabhochsprungs erkläre, werden Sie morgen nicht gleich die Fünf-Meter-Marke überspringen können. Aber immerhin besteht die Chance, dass Sie diese Marke eines Tages überspringen können. Wenn Sie aber erst gar nicht mit dem Training beginnen oder die fünf Meter bereits im ersten Versuch auflegen, dann daran scheitern und deshalb gleich aufgeben, besteht diese Chance nicht.

Also, wo haben Sie in Ihrem Leben die Latte zu hoch gelegt, erst gar nicht mit dem Training begonnen oder bereits nach dem ersten Versuch abgebrochen?

Ich sage Ihnen jetzt etwas sehr Wichtiges:

Jeder abgebrochene Versuch und jedes Scheitern wird von Ihrem Unterbewusstsein als weiterer Beweis Ihres Nichtkönnens gespeichert und macht die verankerte Schein-Wahrheit noch mächtiger und unüberwindbarer.

Es wäre tatsächlich besser gewesen, Sie hätten es nie versucht.

Anfangen, scheitern und wieder aufgeben, lässt Sie noch tiefer in das hineinrutschen, was Sie eigentlich ändern wollten.

Aber gehen wir wieder zurück zu unserem jungen Anwalt. Jung ist er ja inzwischen auch nicht mehr. Obwohl doch nun alles erreicht ist, obwohl doch nun alles wohlgeordnet ist und er sich auch um sein Alter keine großen Sorgen machen muss, wird er immer unzufriedener statt zufriedener.

Auch seine Ehe ist nicht mehr das, was sie einmal war. Man lebt mehr nebeneinander als miteinander und alles ist zur Gewohnheit geworden, was leider auch für die Sexualität gilt.

Sein Beruf macht ihm keine Freude mehr. Er fragt sich immer öfter, ob er den Rest seines Lebens wirklich damit verbringen will, tagtäglich für andere Menschen um alles und jedes zu streiten. Ihm kommen immer mehr Zweifel daran, ob der Eintritt in die juristische Laufbahn wirklich seine eigene Entscheidung war oder ob er sich da

in etwas hat hineindrängen lassen, was seinem innersten Wesen gar nicht entspricht.

Er fragt sich sogar, welchen Sinn sein Leben eigentlich hat. Was könnte er am Ende seines Lebens schon vorweisen? Die Bilanz verlorener und gewonnener Prozesse etwa? Wenn er nicht prozessiert hätte, hätten andere prozessiert und dabei sicher ebenso oft gewonnen und verloren wie er. Was ist eigentlich wirklich er selbst?

Mit seinen Eltern kann er darüber nicht sprechen, die wären maßlos enttäuscht, und in ihrem Alter will er ihnen das nicht mehr zumuten. Bei einigen seiner Freunde glaubt er allerdings die gleichen Probleme beobachten zu können, was er auch an mehr oder weniger versteckten Fragen zum Eherecht und auch zum Sinn der ganzen Strampelei erkennen kann.

Die Nur-Männer-Runden werden für ihn immer zahlreicher, die Familien-Runden immer seltener. Der gemeinsame Familienurlaub, obwohl lange ersehnt und wohl verdient, entwickelt sich zum Horrortrip.

Absolut allergische Punkte sind für ihn sogenannte Familienfeiern oder auch Festtage wie Weihnachten usw. Es wäre schöner für ihn, wenn so etwas gar nicht stattfinden müsste, aber die Familie, die Kinder usw.

Etwas anderes bereitet ihm ebenfalls Sorge. Er wird immer kränklicher und anfällig für dies und jenes, was er früher gar nicht an sich kannte. Kannte er früher kaum eine Grippe oder Schnupfen, so hat er heute mehrmals im Jahr im wahrsten Sinne des Wortes „die Nase voll". Sein Körper spiegelt exakt seine emotionale Situation wider, aber von solchen Erklärungen will er nichts wissen. So etwas ist für ihn nur dummes Geschwätz.

Der konsultierte Hausarzt kann leider nichts Konkretes feststellen, aber man weiß ja, wie oberflächlich Ärzte heutzutage sind. Es wäre wohl richtiger, einen Facharzt aufzusuchen, wie er es dann auch umgehend beschließt.

Aber auch der kann keine organischen Fehlfunktionen feststellen und so landet er als nächstes in der Kardiologie. Mit dem Herzen sollte man ja besonders vorsichtig sein, man weiß ja, wie schnell das gehen kann, und immer öfter verspürt er so ein komisches Gefühl in der Herzgegend.

Er beginnt eine vielversprechende Patientenkarriere und sucht weiterhin nach jemandem, der doch endlich sein Leiden erkennt und vor allem auch anerkennt.

Auch Alternativmediziner werden konsultiert, und statt des wieder einmal bevorstehenden Familienurlaubs meldet er sich in einer Regenerationsklinik an. Er braucht das einfach mal für sich, wie er sagt, es wird ihm alles zu viel.

Sein Vater hat sich mehr oder weniger aus der Praxis zurückgezogen und betreut nur noch einige der Klienten, die nicht von ihm lassen wollen. Seiner Mutter, für die man eine ambulante Pflege engagiert hat, geht es gesundheitlich auch immer schlechter, und die Kinder kommen allmählich in das Alter, wo sie eine starke Hand brauchen, wie man so schön sagt. Überhaupt scheint jeder und alles seine starke Hand zu brauchen.

Seine Eltern erwarten, dass er nun ebenso für sie da ist und für sie sorgt, wie sie für ihn immer da waren und gesorgt haben.

Seine Mandanten erwarten natürlich einen cleveren und starken Anwalt, der immer für sie da ist.

Seine Frau, die sich mit den Kindern etwas alleine gelassen fühlt, verlangt einen starken und verlässlichen Partner.

Seine Kinder verlangen einen starken und verständigen Vater, provozieren ihn ständig und probieren gnadenlos aus, wie weit sie bei ihm gehen können.

Ein dazu befragter Kinderpsychologe meint, dass dies ganz normal und für die Entwicklung der Kinder nahezu notwendig sei, was ihm nahezu die Sprache verschlägt. Mit diesem Psycho-Heini würde er gerne einmal Klartext reden. Schließlich ist aus ihm selbst auch etwas geworden, ohne dass er seine Eltern ständig provoziert hat. Ganz im Gegenteil, sie waren ein gutes Team, auch wenn es ihm jetzt etwas über den Kopf wächst, seinen Anteil in diesem Team aufrecht zu halten.

Als nun endlich so etwas wie ein Magengeschwür bei ihm entdeckt wird, beruhigt ihn das eigentlich mehr, als dass es ihn irgendwie beunruhigen würde. Er wusste ja schon immer, dass da irgendetwas sein musste, und mit diesem Titel, wie er es als Jurist ausdrückt, könne er nun endlich auch den Beweis antreten. Nun wissen alle, dass er nicht simuliert hat.

Dass dieses Magengeschwür wohl eher psychische als körperliche Ursachen hat, wie es ihm ein sehr aufgeschlossener und interdisziplinär denkender Arzt darlegt, vermag er allerdings nicht so recht einzusehen. Für ihn ist es einfach nur der Stress, und man weiß ja, dass man sich damit heute in bester Gesellschaft befindet.

Die weitere Vermutung des Arztes, dass er psychisch wohl zu viel in sich hineinfrisst, statt es herauszulassen, und damit zu viel Unverdautes mit sich herumschleppt, betrachtet er als ziemliche Unverschämtheit.

Soll er etwa als Anwalt alles hinausposaunen? Soll er etwa mit allen über seine Probleme reden? Das müsse er schon mit sich selbst ausmachen, wie er meint. Schwäche dürfe er auf keinen Fall zeigen. Es sei seine starke Hand, die gesucht wird.

Nun, das Magengeschwür kann dank einer Rollkur und den üblichen Medikamenten geheilt werden und er steht wieder voll seinen Mann. Seine Frau sieht das allerdings etwas anders. Als sie gemeinsam eine Karnevalssitzung ansehen, gibt ein Büttenredner Folgendes zum Besten:

Ein Mann sagt zu seiner Frau: „Du kannst anziehen, was du willst, dir steht rein gar nichts“, darauf die Frau: „Und du kannst ausziehen, was du willst, dir steht auch rein gar nichts.“

Seine Frau bricht daraufhin in schallendes Gelächter aus, was er natürlich auf sich selbst bezieht, und es kommt zu einem handfesten Krach mit mehrwöchiger Schweigephase und seinem Auszug aus dem ehelichen Schlafzimmer.

Inzwischen hat er einen Sozius in die Praxis aufgenommen, was ihm einen Teil der Arbeit abnimmt, und im Gegenzug dazu hat seine Frau die erhoffte Haushaltshilfe bekommen. So geht es also in der neuen Hausordnung weiter, bis …

Ja, bis nun statt eines Magengeschwürs ein Magenkrebs festgestellt wird. Nicht zum Spaßen, wie die Ärzte meinen. Ein Teil des

Magens sollte sicherheitshalber entfernt werden und auch um eine anschließende Chemotherapie würde er nicht herumkommen.

Was er da hört, wirkt wie ein Todesurteil auf ihn. Selbst wenn alles gut gehen würde, so würde er doch für eine ganze Weile total ausfallen, und ob er danach jemals wieder …?

Die Vorstellung, dass er mehr oder weniger einmal allen zur Last fallen könnte, ist mit seinem bisherigen Selbstbild in keiner Weise zu vereinbaren. Dann doch lieber tot.

Er hadert unentwegt mit dem Schicksal. Warum ausgerechnet er? Was hat er denn getan? War er nicht immer für alle da, wenn er gebraucht wurde? Hat er sich je etwas zu Schulden kommen lassen? Hat er je jemandem ein Leid zugefügt?

Natürlich gab es eine Menge Prozessgegner, gegen die auf Grund seiner Cleverness Urteile ergangen waren, die denen so gar nicht passten. Aber das war halt die so genannte „Recht"-sprechung und nicht er. Warum also ausgerechnet er? – eine Frage, die er sich immer wieder stellt.

Ich weiß nicht, verehrter Leser, ob Sie inzwischen erkannt haben, was da ablief und warum „ausgerechnet er". Schön wäre eine solche Erkenntnis, und wenn Sie diese dann auch noch auf Ihr eigenes Leben übertragen, wäre die Erkenntnis nicht nur schön, sondern sogar so wunderschön, dass Sie zu einer neuen Lebensqualität führen könnte.

*

Die dritte Zwischenbilanz:

Die in Grundschule und Gymnasium gelegten Grundstrukturen werden immer weiter ausgebaut.

Auch neu hinzu kommende Wertesysteme dienen nur dem tief verankerten Grundbedürfnis nach Anerkennung in der Herde und vor allem bei den Leittieren.

Die Leittierfunktion der Eltern führt in unserem Beispiel zur Berufswahl, ohne dass diese je in Frage gestellt wird.

Ein erster Ausbruchsversuch mit Auszug aus dem elterlichen Haus ist nicht von langer Dauer. Die Mutter zieht die Karte Krankheit und übt damit einen indirekten Druck aus.

Die Falle der „vernünftigen" Lösung des Anbaus an das elterliche Haus mit Heirat, Enkeln und gemeinsam betriebener Praxis schnappt unwiderruflich zu.

Im Leben unseres Anwalts beginnt es zu kriseln. Unzufriedenheit mit seinem Leben, seiner Ehe, seinem Beruf usw. führen ihn in die Krankheit bis hin zum Krebs.

Er stellt die Frage nach dem Sinn seines Lebens und findet keine rechte Antwort.

Der Prozess der zweiten Geburt

Phase I
Zeugung und Schwangerschaft

Bei unserem Anwalt war es die Krebserkrankung, die ein kritisches Nachdenken einleitete und bei ihm Gedanken hervorrief, die für ihn vorher „un"-denkbar gewesen wären. In ihm wurde etwas gezeugt, mit dem er nun schwanger ging. Verzeihung, ich weiß, dass alle Vergleiche irgendwie hinken, aber dieser Vergleich zwingt sich geradezu auf. Auch mit Gedanken, Ideen und sogar Zweifeln kann man schwanger gehen.

Nun ist es aber doch ausgesprochen schade, wenn es erst zu einer Krankheit kommen muss, um unser Leben einmal kritisch zu hinterfragen. Um uns z.B. zu fragen, worin denn nun eigentlich der Sinn dieses Lebens besteht, das wir da gerade führen?

Wir müssen uns fragen,
ob wir wirklich „unser Leben" leben
oder ob wir nicht vielmehr
gelebt werden?

Meist funktionieren wir in unserem Alltag mehr oder weniger automatisch, aber kann man automatisches Funktionieren wirklich als „Leben" bezeichnen? Wir glauben zwar, dass wir es sind, die da handeln, aber ist dies auch wirklich so? Sind es nicht in Wahrheit unsere Konditionierungen, die unsere Handlungen bestimmen?

Ist es tatsächlich unsere Aufgabe, immer und überall den Erwartungen gerecht zu werden, die man an uns stellt?

Sind wir nicht auch allzu leichtfertig bereit, die Erwartungen anderer zu unserem eigenen Maßstab zu erheben?

Wie weit haben wir uns inzwischen von der Zustimmung und Anerkennung anderer abhängig gemacht?

Sind wir etwa erst dann zufrieden, wenn auch unser Umfeld mit uns zufrieden ist?

„Ach, bin ich großartig, – alle, die ich kenne und die ich mag, mögen mich auch."

Aber was ist, wenn mich nicht mehr alle mögen? Bricht dann mein gesamtes Selbstbild zusammen? Bin ich dann etwa nicht mehr großartig?

Abgesehen davon, dass es unmöglich ist, von allen, die wir mögen und schätzen, ebenfalls gemocht und geschätzt zu werden. So etwas ist selbst dem Meister Jesus nicht gelungen, aber wenn Sie es trotzdem versuchen wollen …, bitte!

Nun wird mancher entgegnen, dass er so etwas natürlich auch selbst weiß, dazu nicht erst ein schlaues Buch lesen muss und natürlich ja auch nur von denen gemocht und geschätzt werden möchte, die ihm selbst wichtig sind.

Einverstanden, aber überlegen wir in diesem Fall bitte einen Moment, warum uns diese Menschen wichtig sind. Vielleicht doch wieder nur, weil wir von ihnen gemocht und anerkannt werden? Vielleicht auch, weil Sie eine Vorbildfunktion für uns haben und somit deren Anerkennung so etwas wie eine Anerkennung von höchster Stelle für uns bedeutet, eine Art Ritterschlag vielleicht? *Selbst der Professor hat gesagt, dass er das ganz toll findet und ich völlig richtig gedacht habe.*

Aber was geschieht dann, wenn uns ein solches Vorbild nicht mehr mag oder wir feststellen müssen, dass jemand keine Vorbildfunktion mehr für uns hat, weil er sich z. B. scheiden ließ, sich regelmäßig betrinkt oder dergleichen? Mögen wir ihn dann immer noch oder ist dann auch unser Mögen beendet? So etwa nach dem Prinzip, wenn du mich magst, mag ich dich auch, aber wenn du etwas tust, was ich nicht gut heißen kann, mag ich dich auch nicht mehr.

In einem solchen Fall wird nichts und niemand wirklich gemocht, sondern nur das, was wir von ihm haben, das, was er uns gibt, das, was er uns bedeutet. Wir lieben den Nutzen, den wir von jemandem haben.

Dieser Nutzen kann sehr vielschichtig sein, kann direkter oder auch indirekter Art sein. Er kann materieller oder auch ideeller Art sein, kann für jedermann offen erkennbar oder auch nur von uns so empfunden sein.

***Nur wenn wir jemand mögen,
ohne dass wir etwas von ihm haben,
ja, wenn wir ihn sogar mögen,
obwohl er uns nicht mag,
mögen wir ihn wirklich.***

Alles andere sind nichts als kleine Gegengeschäfte, und diese Erkenntnis können wir auch ohne große Schwierigkeiten auf das übertragen, was die meisten Menschen unter dem Begriff „Liebe“ verstehen. Sie lieben nicht etwas oder jemanden, sie lieben vielmehr das, was sie davon haben.

Wird die erwartete Lieferung eingestellt, wird auch die Liebe eingestellt.

Wenn wir uns unsere beispielhafte Anwaltsgeschichte einmal unter diesem Aspekt ansehen, können wir das Prinzip der dauernden Gegengeschäfte ganz klar erkennen. Die Eltern sind stolz auf den Sohn, weil er ihre Erwartungen erfüllt, der Sohn ist zufrieden, weil seine Eltern stolz auf ihn sind, und kassiert gerne die damit verbundenen Belohnungen.

Ist die Frage zu stellen, ob die Eltern auch stolz auf ihren Sohn gewesen wären, wenn er nicht ihren Erwartungen entsprochen hätte. Wenn er sich z. B. entschlossen hätte, Musiker zu werden, statt den Anwaltsberuf seines Vaters fortzusetzen.

Waren die Eltern eigentlich stolz auf ihren Sohn oder auf das, was er ihren Vorstellungen entsprechend tat?

Wenn natürlich ein gefeierter Musikus aus ihm geworden wäre, wären sie sicher auch wieder stolz auf ihn gewesen, die Gegenleistung für die Anerkennung wäre auch damit erbracht worden. *„Unser Sohn“ – er ist gerade zu mehreren Konzerten in New York und durch seinen wahnsinnigen Erfolg leider viel zu selten zu Hause. Aber dafür muss man als Eltern ja Verständnis haben.“*

Wäre er aber ein mehr oder weniger unbekannter Musikus geblieben und würde relativ brotlos durchs Land ziehen, hätte man sich seiner wohl eher geschämt. Die Gegenleistung zur Anerkennung wäre nicht erbracht worden, der elterliche Nutzen wäre ausgeblieben. Dafür hätte man als Eltern kein Verständnis gehabt. *„Wir haben das ja von Anfang an bedauert und wirklich alles getan ...!“*

In beiden Fällen wäre er aber doch – zumindest genetisch – gleichermaßen ihr Sohn. Einmal „ge“-raten und einmal „miss“-raten. Aber wo liegt der Maßstab zu einer solchen Bewertung? Woher nehmen wir das Recht, jemanden als geraten oder missraten zu bezeichnen?

Ist jemand etwa schon allein deshalb missraten, weil er nicht unseren Vorstellungen entspricht? Woher wollen wir in dem Fall die Sicherheit nehmen, dass unsere Vorstellung richtig ist? Unsere Vorstellung entspringt ja auch wieder nur unseren eigenen Konditionierungen. Hätten nicht auch wir ganz andere Vorstellungen, wenn wir nach der Geburt vertauscht und bei ganz anderen Eltern in einem ganz anderen sozialen Umfeld aufgewachsen wären, wenn Sie sich noch einmal meines Beispiels des jungen Palästinensers und des jungen Juden erinnern?

Dass der relativ brotlos durchs Land ziehende Musikus vielleicht ein sehr glückliches und zufriedenes Leben führt, glücklicher und zufriedener, als sein Vater dies in seinem Anwaltsberuf jemals erleben durfte, zählt leider nichts, da es nicht dem elterlichen Maßstab entspricht.

Dieser Nutzen des Sohnes färbt nicht auf die Eltern ab. Dieser Nutzen ist für sie anderen gegenüber nicht vorzeigbar.

Wenn die Eltern ihren Sohn aber wirklich lieben würden, müssten sie doch hoch zufrieden sein, ihren Sohn glücklich zu sehen. Aber sie können nicht einmal glauben, dass er glücklich ist, da sein „Glücklich-Sein" nicht ihren eigenen Vorstellungen von Glück entspricht.

„Wir möchten, dass du ein glückliches und zufriedenes Leben führst, aber bitte so: …". Wenn wir uns aber auch noch vorschreiben lassen, wie wir glücklich und zufrieden zu sein haben, haben wir tatsächlich Ohrfeigen verdient.

Wenn wir uns dem Maßstab und den Vorstellungen anderer beugen, verlieren wir ein Stück Selbst.

Dies gilt natürlich nur für die essentiellen Dinge des Lebens, in Kleinigkeiten können wir durchaus großzügig sein, ohne uns einen Zacken aus der Krone zu brechen oder etwas von uns selbst zu verlieren. Bleiben wir in banalen Alltagsdingen rundherum flexibel, werden wir nicht starr, stur und unbeugsam.

Ein ständig unterdrücktes „elementares Stück Selbst" aber wird irgendwann versuchen auszubrechen und seinen Anspruch zu leben.

Gelingt ein solcher Ausbruchversuch nicht, bleibt in der Regel nur der Weg, das herrschende System durch Krankheit auszuhebeln. Unser Unterbewusstsein erledigt dann das, wozu unser Verstand keinen Mut hatte, und genau das führte unseren pflichtbewussten Anwalt in die Krankheit.

Aus sich selbst heraus hatte er nicht den Mut, das System, in dem er lebte, in Frage zu stellen. Obwohl er immer unzufriedener wurde, obwohl jeder Tag seines Lebens immer mehr zu einem Kampf wurde, den er nur noch irgendwie durchzustehen versuchte.

Mit den typischen psychischen Hintergründen der Krebserkrankung habe ich mich in meinem Buch *„Sprechstunde mit dem inneren*

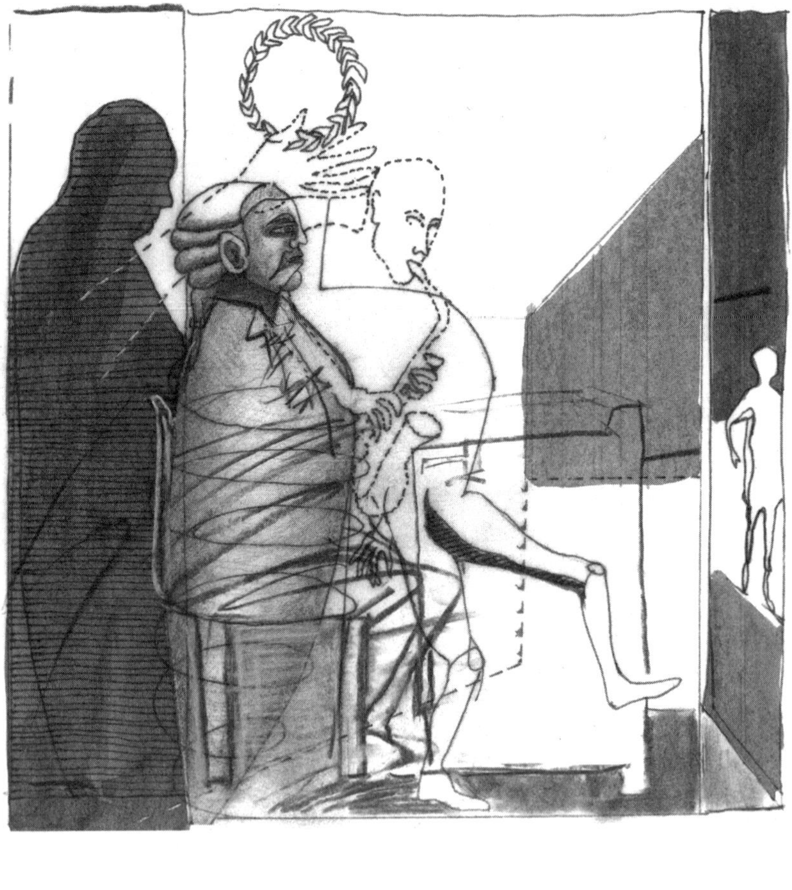

Arzt" ausführlich beschäftigt und möchte solche Zusammenhänge deshalb hier nur am Rande aufzeigen.

Unser Anwalt versuchte täglich dem Bild der „starken Hand" zu entsprechen, die alle bei ihm suchten und für die er gemocht und anerkannt wurde. Würde er diesem Bild nicht mehr genügen, würde er nach seiner Vorstellung ins Abseits geraten.

Wie würde er dann vor seiner Familie, seinen Freunden, seinen Mandanten, seinen Kollegen usw. dastehen? Es wäre für ihn das gesellschaftliche und berufliche Aus, und seine Eltern –, daran wagte er gar nicht erst zu denken. Er steckte in einem Käfig, aus dem er keinen Ausweg sah.

Dass seine Befürchtungen nur ein Konstrukt seiner eigenen konditionierten Gedankenwelt waren, konnte er zu diesem Zeitpunkt nicht erkennen.

Wenn Sie in meiner Schilderung Parallelen zu Ihrem eigenen Verhalten entdecken – und nur dann hat das Lesen dieses Buches einen Sinn für Sie –, ziehen Sie bitte umgehend die Notbremse. Auch Sie werden die aufgezeigten Mechanismen auf Dauer nicht aushebeln können. Niemand kann wichtige Lebensimpulse auf Dauer folgenlos unterdrücken. Es ist wie bei einem Dampfkessel, in dem immer mehr Druck aufgebaut wird, bis er dann eines Tages platzt.

Am engsten und unbequemsten sind die Käfige, in die wir uns selbst eingesperrt haben.

Nun wird mancher sagen, dass wir doch so ziemlich alle in mehr oder weniger starken Zwängen stecken und nicht einfach aussteigen können. Wer so etwas sagt, hat natürlich vollkommen Recht, und ich empfehle ja auch nicht das Aussteigen. Ich empfehle eine ganz bestimmte Technik des Umsteigens, durch die wir dann, aus einer ganz anderen Richtung kommend, erst so richtig einsteigen. Aber dazu kommen wir erst später.

Natürlich sind wir alle in die eine oder andere Richtung konditioniert. Wir alle wollen irgendwie und irgendwo gemocht und anerkannt werden, wogegen ja auch grundsätzlich nichts einzuwenden ist. Eine ernste Gefahr besteht erst dann, wenn wir davon abhängig werden und uns z. B. selbst nur noch anerkennen können, wenn auch andere uns anerkennen.

Dies ist nicht viel anders, als vom Alkohol anhängig zu sein. Der eine braucht die Droge Alkohol, der andere die Droge Anerkennung, wobei nicht selten das Ausbleiben der Droge Anerkennung dann durch die Droge Alkohol ersetzt wird.

Der Prozess der zweiten Geburt beginnt damit, dass wir unsere erlernten Wahrheiten zunächst überhaupt einmal erkennen und dann unser darauf aufgebautes Leben kritisch hinterfragen.

Nicht leicht, denn dieses Draufschauen geschieht ja auch wieder nur mit den Augen, denen man beigebracht hat, etwas so zu sehen, wie sie es nun einmal sehen, und das Rütteln an diesen Fundamenten kann leicht das ganze Haus zum Einsturz bringen.

Ein Prozess der zweiten Geburt kann deshalb nur schrittweise ablaufen. Wir können die Hochglanzlackierung unserer vermeintlichen Wahrheiten zunächst nur stellenweise ankratzen, um dann festzustellen, dass sich dahinter nichts anderes als das gleiche hohle Blech befindet, auf dem auch ein anderer seine Wahrheiten aufgemalt und auf Hochglanz poliert hat.

Bekommen wir dann einige Übung im Ankratzen unserer Hochglanzlackierung, werden wir mit jedem Schritt mutiger und selbstbewusster und können immer größere Partien freilegen.

Es ist dabei nicht wichtig,
dass wir etwas Neues „er“-lernen,
es ist allein wichtig,
dass wir das Alte „ver“lernen.

Es wäre ein mehr als trauriges Spiel, die alte Bemalung lediglich durch eine neue zu ersetzen, die uns dann wieder ebenso beherrscht wie die alte, nur halt eben anders.

Das eine Gefängnis haben wir unter größten Anstrengungen verlassen, in ein neues haben wir uns freiwillig eingesperrt. Die neue Einschränkung hält uns ebenso von der Fülle der Schöpfung ab, wie uns die alte Einschränkung von der Fülle der Schöpfung abhielt.

Wir müssen alten Müll abwerfen,
statt neuen Müll hinzuzufügen.
Wir müssen leichter und leerer werden.

Ich erlebe den direkten Wechsel von einem Käfig in den anderen z. B. immer wieder bei Vegetariern. Bevor sie Vegetarier wurden, musste es in der Regel zu jeder Mahlzeit Fleisch sein. Nun vom Vegetarismus überzeugt, darf es zu keiner Mahlzeit mehr Fleisch sein.

Die eine Einschränkung ist so groß wie die andere. In meinen Augen fehlt hier der bewusste und souveräne Umgang mit der Fülle der Schöpfung. Der Mensch ist seiner Natur nach ein *Sammler und Jäger*. Wenn er dies so ausgeglichen lebt, wie auch die Natur sich immer wieder ausgleicht, lebt er mit Sicherheit natürlicher als in einer einseitigen Ausrichtung. Vor allem braucht er weniger Nahrungsergänzungsprodukte, die auf der einen Seite wieder ausgleichen, was er seinem Körper auf der anderen Seite vorenthält.

Aber dies ist lediglich meine Meinung, ich will niemanden reglementieren. Wer’s mag, kann meinetwegen sogar die Erfindung des Feuers leugnen und alle Nahrung nur noch roh verzehren.

Bitte verstehen Sie mich nicht falsch. Es geht mir lediglich um die Extreme, um die absolute Starrheit einer einmal eingeschlagenen Richtung. Auch ich koche z. B. mein Gemüse sehr sorgfältig in einem Dampfgarer, um noch etwas von den Vitaminen übrig zu lassen, aber ich gehe nicht so weit, es wegen der Vitamine gleich roh zu verzehren.

Ein Schüler fragt seinen Meister, was er tun müsse, um erleuchtet zu werden. Die Antwort des Meisters: „Es gibt nichts zu tun."

Je weniger bemalt wir sind, desto eher finden wir zu uns selbst.

Je weniger bemalt wir sind, desto durchlässiger und unangreifbarer werden wir.

Je weniger bemalt wir sind, desto mehr stehen wir über den Dingen und akzeptieren auch andere Bemalungen.

Je weniger bemalt wir sind, desto mehr bekommen wir die Dinge in die Hand, und nicht umgekehrt.

Es kommen viele Menschen zu mir, denen ich auf ihrem Weg helfen darf. Jeder dieser Menschen steht an einem anderen Punkt „seines Weges", jeder dieser Menschen steht vor anderen Entscheidungen, jeder dieser Menschen betrachtet die Welt aus der Sicht, die man ihm beigebracht hat. Jeder Mensch ist ein absolutes Unikat.

Das Einzige, was ich tun kann, ist, den Menschen an der Stelle des Weges anzunehmen, an der er steht, und seine eingeschränkte Sichtweise behutsam und schrittweise zu öffnen. Würde ich zu viel gleichzeitig öffnen, würde ich einem Menschen mehr schaden als nutzen.

Ich betrachte mich wie einen Bergführer, der jemanden führt, an besonders gefährlichen Stellen sogar ans Seil nimmt, aber laufen muss der Betreffende selbst. Würde ich ihn tragen, würde er das Laufen nicht erlernen.

Wenn wir etwas erkannt haben, müssen wir auch selbst in der Lage sein, das Erkannte zu verarbeiten und – wenn nötig – auch umzuwandeln. Ist der Brocken aber zu groß, scheitern wir bei der notwendigen Umwandlung.

Wir bestätigen und stärken damit das alte System mehr, als dass wir es ankratzen würden. *„Ich hab's ja versucht, aber ich schaffe es wirklich nicht."* Besser wäre es, ich hätte es zu diesem Zeitpunkt weder erkannt noch versucht. In dem Fall wäre es zumindest ruhig geblieben und ich hätte den Schaden nicht auch noch vergrößert.

Ich möchte ganz bewusst noch einmal wiederholen: Unser Unterbewusstsein hat eine mehr als unangenehme Eigenschaft: Es addiert einer einmal gefundenen Wahrheit alles hinzu, was diese Wahrheit bestätigt, und wehrt auf der anderen Seite konsequent alles ab, was diese Wahrheit in Frage stellen könnte. Ein Fehlversuch ist also immer eine Stärkung dessen, was wir eigentlich schwächen wollten. *„Es geht wirklich nicht"*, ist das, was gespeichert wird.

Der Prozess der zweiten Geburt ist ein Prozess der systematischen, kleinen Schritte. Es ist kein Hundertmeterlauf. Trotzdem schreitet dieser Prozess wesentlich schneller voran als der Prozess unserer ersten Geburt. Was im ersten Prozess über lange Zeiträume und für uns meist völlig unbewusst geschah, geschieht nun gezielt, bewusst und selbstgesteuert in einer Art Zeitraffertempo.

Mit jedem kleinen Schritt, den wir schaffen, werden wir sicherer und zuversichtlicher für den nächstgrößeren Schritt. Wer einen weiten Weg vor sich hat, der läuft nicht.

Aber was ist ein großer Schritt, was ist ein kleiner Schritt? Ich weiß es nicht! Es kommt allein auf die Stelle des Weges an, an der wir stehen. Was für uns ein großer Schritt ist, kann für jemand anderen womöglich nur ein kleiner Hüpfer sein, was wiederum nichts mit der Wertigkeit des Schrittes zu tun hat.

Am besten gehen wir zur Geschichte unseres Anwalts zurück. Es ist kein Zufall, dass eine Situation, wie ich sie geschildert habe, bei den meisten Menschen in der ungefähren Mitte des Lebens zu beobachten ist. Vor nicht langer Zeit bezeichnete man dies als „Midlifecrisis“. Heute reden wir z. B. von einem Burnout-Syndrom, einer Sinnkrise usw.

Gleichgültig, welche Bezeichnung wir auch wählen, immer ist es so etwas wie eine Notbremsung und, damit verbunden, eine wunderbare Chance zur Wegkorrektur. Eine letzte Mahnung sozusagen, bis der Gerichtsvollzieher tätig wird.

Unser Anwalt nutzte seine Chance, und dies begann damit, dass er nicht mehr vordergründig mit seinem so genannten „Schicksal“ haderte, sondern immer deutlicher seinen Eigenanteil an den Geschehnissen erkannte.

Von einem Mitpatienten hatte er ein Buch erhalten, das ihn doch etwas nachdenklich gemacht hatte, wenngleich er sich anfänglich noch gegen diese etwas andere Sichtweise sträubte. Seiner Frau erzählte er vorsichtshalber zunächst einmal nichts davon.

Seine Operation war günstig verlaufen, wenngleich ihm nun der halbe Magen fehlte. Es kam nun allein darauf an, wie sich die Krebsparameter in der nächsten Zeit entwickeln würden, so meinten seine Ärzte. Er war recht zuversichtlich, obwohl er nicht hätte sagen können, woher diese Zuversicht eigentlich kam.

Sein Mitpatient, der eine ähnliche Operation hinter sich hatte, schmiedete unbeirrt Zukunftspläne, und oft redeten sie miteinander darüber. Sein Mitpatient hatte eine Menge Hobbys, denen er nun endlich folgen wollte, wenn das hier alles überstanden war.

Bei sich selbst stellte erschrocken fest, dass er, außer seiner Juristerei, eigentlich keinerlei andere Interessen hatte, und die Männerrunden, in die er gelegentlich geflüchtet war, würde er mit einem halben Magen nicht mehr durchstehen können.

Irgendwie musste er ja auch die Familie weiter ernähren. Der Anbau war noch nicht ganz abbezahlt, die Kinder, die größer wurden und studieren wollten, und auch seine Frau stellten Ansprüche und die Eltern, die früher immer eine Hilfe waren, wurden immer unselbständiger und bedurften nun eher seiner Hilfe als umgekehrt.

Er sah keinen anderen Weg, als die Kanzlei weiterzuführen, aber das würde ja dann wieder den gleichen Stress bedeuten, und ob er dem noch einmal gewachsen sein würde? Er wurde zwischen einem natürlichen Fluchtinstinkt und seinem anerzogenen Pflichtbewusstsein hin- und hergerissen, ohne zunächst einen Ausweg zu sehen.

Der Ausweg tat sich bei einem Besuch seines Sozius auf, der mit ihm dringend einige Dinge durchsprechen wollte.

Phase II
Geburt und Entwicklung

Es waren die Sorgen und Ängste seines Sozius, die ihn zu tiefgreifenden Entscheidungen zwangen. Er selbst hätte gerne noch etwas abgewartet und sich Zeit gelassen, aber sein Sozius wollte wissen, wie es um seine eigene und auch um die Zukunft der Kanzlei stand. Allzu verständlich, aber wie sollte er etwas zur Zukunft eines anderen sagen können, wenn er selbst nicht einmal seine eigene Zukunft planen konnte? Er konnte ja nicht wissen, ob der Krebs erneut zuschlagen und ihn endgültig außer Gefecht setzen würde oder ob er ihn seinerseits endgültig besiegen konnte.

Meine dringende Empfehlung in solchen Fällen ist immer die gleiche:

Stellen wir uns den schlimmsten Fall vor, richten wir danach unser Handeln aus und warten wir dann in Ruhe ab.

Tritt der schlimmstmögliche Fall tatsächlich ein, sind wir bestens darauf vorbereitet, tritt dieser Fall nicht ein, nehmen wir jede weniger schlimm erscheinende Lösung dankend an.

Nur scheinbar steht dies im Widerspruch zur immer wieder gehörten Forderung, positiv zu denken. Auch das so genannte „positive Denken“ darf nicht realitätsfremd sein. Es darf nicht bedeuten, dass wir uns eine Welt vorgaukeln, in der wir bestimmte Dinge einfach ausklammern, in der wir uns eine heile Welt denken, die in Wahrheit alles andere als heil ist.

Die Welt unseres Anwalts war alles andere als heil, und sein Körper war es erst recht nicht. Dass er sich nun auch mit dem für ihn schlimmstmöglichen Fall, dass der Krebs ihn dahinraffen würde, beschäftigte, bedeutete allerdings nicht, dass er diesen Fall auch unausweichlich auf sich zukommen sah. Dies ist der entscheidende Unterschied.

Er war zwar Realist genug, eine solche Entwicklung nicht ganz auszuschließen, aber irgendwie war er zuversichtlich, dass es dazu nicht kommen würde. Er hatte schon viele zunächst aussichtslos erscheinende Prozesse geführt und am Ende doch noch gewonnen. Trotzdem wollte er vorbereiten und absichern, was vorzubereiten und abzusichern war. Einmal Jurist – immer Jurist.

Vor allem musste er einen Weg finden, die monatlichen Belastungen, die seine Familie ohne sein Einkommen nicht weiter tragen könnte, auf ein vertretbares Maß zu reduzieren. Wie Sie sich erinnern, lieber Leser, war z.B. der von ihm errichtete Anbau an das elterliche Haus noch nicht abbezahlt. Andererseits stellte das elterliche Haus samt seinem Anbau ein wirtschaftliches Volumen dar, das er irgendwie kapitalisieren wollte.

Statt Belastung sollte daraus eine Entlastung werden. Haus und Grundstück hatten seine Eltern ihm bereits zu einem Zeitpunkt überschrieben, als es steuerlich noch günstig war. Sie hatten sich dabei aber ein Wohnrecht auf Lebenszeit gesichert. Darüber würde natürlich mit ihnen zu verhandeln sein.

Bei seiner Frau erwartete er keine besonderen Schwierigkeiten. Ihr war das Haus schon immer zu groß. Die Haushaltshilfe, die er ihr deshalb damals zugestanden hatte, würde sie dann alleine auch nicht mehr bezahlen können und die Kinder wollten ohnehin aus dem Haus und in anderen Städten studieren.

Seine Eltern, die inzwischen pflegebedürftig geworden waren, willigten erstaunlicherweise sehr schnell in seinen Vorschlag ein, sie in eine betreute Seniorenresidenz umzusiedeln, was dann im Wesentlichen aus den zu erwartenden Erlösen aus der Immobilie bezuschusst werden konnte. Sie wollten ihm weder zur Last fallen noch irgendwie im Wege stehen, wie sie sagten.

Ich will an dieser Stelle die Schilderung der Begleitumstände etwas abkürzen und mich auf das Endergebnis beschränken: Das elterliche Haus samt Anbau konnte relativ schnell und günstig verkauft werden. Seine bisherigen Kanzleiräume konnte er sogar durch einen Mietvertrag mit den neuen Eigentümern weiter benutzen. Mit seinem Sozius vereinbarte er eine fließende Übernahme der Kanzlei, die sich nach seinem Anteil an der Mandantenbetreuung richten sollte. Sank dieser unter zehn Prozent, sollte er völlig ausscheiden.

Die Eltern zogen also in die erwähnte Seniorenresidenz und sie selbst mieteten eine kleine und überschaubare Wohnung von etwa 95 qm. Die Kinder begannen in anderen Städten ein Studium, mussten sich daran gewöhnen, Bafög zu beantragen und sich selbst etwas dazuzuverdienen. Eine Lebensschule, die noch niemandem geschadet hat, wie auch seine Frau meinte, was ihn doch einigermaßen erstaunte. Überhaupt zeigte seine Frau mehr Verständnis für die neue Situation, als er jemals erwartet hatte. In gewisser Weise war sie weitaus praktischer veranlagt als er selbst.

Er erkannte, dass ganz allein er selbst es war, der sich für alles und jedes zuständig gemacht hatte und keine an ihn gestellten Erwartungen enttäuschen wollte.

Zum ersten Mal in seinem Leben fühlte er sich frei. Eine zentnerschwere Last war von ihm abgefallen. Er fühlte sich wie ein Vogel, der sich frei in die Lüfte erheben konnte. Nichts hing mehr an ihm, nichts zog an ihm.

***Dies war genau das Lebensgefühl,
das er zum endgültigen Sieg
über die Krebserkrankung brauchte.***

Wenn es denn sein sollte, würde er innerlich gefasst abtreten, sollte es nicht sein müssen, würde er ein ganz anderes Leben beginnen. Auf dieses zweite Leben freute er sich und fühlte bei diesen Gedanken eine ganz neue Kraft in sich erwachen.

In seiner Ehe kam wieder so etwas wie Liebe und Zärtlichkeit auf. War die Zeit vorher einfach so abgelaufen, war ihnen nun jeder Tag wichtig und vor allem waren sie sich selbst wichtig. Herrschte vorher die unumstößliche Rangfolge: Eltern, Mandanten, Kinder, Ehe, so rückte nun das, was vorher so nebenher gelaufen war, an die erste Stelle.

Sie lebten in einem neuen Bewusstsein, ja, zum ersten Mal waren sie sich jedes einzelnen Tages ihres Zusammenlebens bewusst. Sie begannen endlich zu leben, statt wie bisher gelebt zu werden.

Haben Sie sich schon einmal gefragt, verehrter Leser oder verehrte Leserin, wie das eigentlich bei Ihnen aussieht? Stecken Sie auch in einer Art Gefängnis, aus dem Sie keinen Ausweg sehen? Darf ich Ihnen bei Ihrer Betrachtung mit ein paar kritischen Fragen helfen?

Ist jeder Tag eine Freude für Sie, oder versuchen Sie Ihre Tage irgendwie durchzustehen?

Was hängt alles an Ihnen?

Was hindert Sie am Fliegen? Was zieht Sie immer wieder herunter?

Tun Sie wirklich das, was Sie gerne tun möchten, oder tun Sie es mehr oder weniger gezwungenermaßen und mit innerlichem Widerwillen?

Welche Erwartungen werden an Sie geknüpft? Welche Erwartungen erdrücken Sie?

Wie wichtig sind Ihnen Ihr Ansehen, Ihr Besitz, Ihre gesellschaftliche Stellung usw.?

*

Was würden Sie ab sofort anders machen, wenn Sie wüssten, dass Sie innerhalb des nächsten halben Jahres sterben würden? Erschrecken Sie nicht. Wir können den Tod nicht einfach ausklammern. Das Leben endet in jedem Fall tödlich.

Was würden Sie alles noch nachholen wollen?

Was würden Sie wem alles noch sagen wollen?

Was würden Sie alles noch regeln wollen?

Würden Sie das gleiche Leben, würden Sie die gleichen Lebensumstände noch einmal beginnen wollen?

*

Meine dringende Empfehlung: Warten Sie keinen Tag mit all dem, was Sie anders machen würden. Sie müssen nicht „erst noch"! Vor allem müssen Sie sich nicht die Vision, dass Sie nur noch ein halbes Jahr zu leben hätten, zu eigen machen, um endlich wach zu werden. Niemand weiß, wie viel Zeit er noch zur Verfügung hat. Nur eines kann ich Ihnen mit einiger Gewissheit sagen: Wenn Sie notwendige Änderungen nicht durchführen, wird diese Zeit kürzer sein, als Sie denken. Ihr Körper wird über kurz oder lang rebellieren! Auch für Sie gibt es keine Ausnahmeregelung, auch wenn Sie sich augenblicklich noch so stark fühlen.

Gehen wir zurück zu unserem Anwalt: Seine Tätigkeit in der Kanzlei wurde vereinbarungsgemäß immer mehr auf seinen Sozius verlagert, was leider einige der alten Mandanten zur Abwanderung bewog. Sie legten Wert darauf, ausschließlich mit ihm selbst reden zu können, und sahen in seiner Abwesenheit so etwas wie eine Missachtung ihrer alten Beziehung.

Auf der einen Seite sah er darin nun wieder so etwas wie eine Anerkennung seiner eigenen Kompetenz, auf der anderen Seite fühlte er sich davon zutiefst betroffen und entwickelte zeitweise sogar so etwas wie Schuldgefühle. Waren es doch zum Teil Mandanten, die schon sein Vater betreut hatte. Hatte er das Recht, solch alte Verbindungen zu zerstören, nur weil er nun andere Schwerpunkte in seinem Leben setzen wollte? War er nicht undankbar? Würde sich das nicht irgendwann rächen?

Wenn Sie, verehrter Leser, solche Gedanken kennen, wenn Sie Zweifel daran haben, Ihr Leben so einrichten zu dürfen, wie Sie es wollen, kann ich Ihnen dazu nur Folgendes sagen.

Seien Sie dankbar für Ihr Leben!
Seien Sie dankbar für jeden
einzelnen Tag Ihres Lebens!
Aber drücken Sie diesen Dank
nicht dadurch aus,
dass Sie sich jeden Tag
Ihres Lebens verderben lassen.

Dies würde keinerlei Sinn ergeben. Es wäre eher eine Undankbarkeit gegenüber dem Leben.

Also, unser Anwalt konnte seine anfänglichen Schuldgefühle überwinden, zumal er feststellen konnte, dass sich bei seinem Sozius fast ebenso viele neue Mandanten einstellten, wie alte Mandanten abwanderten. Er erlebte hautnah den dauernden Wandel der Schöpfung, in dem nichts so bleibt, wie es ist. Er erlebte, wie das Alte dem Neuen Platz macht und wie sich jede Lücke immer wieder schließt.

Auch die Lücke, die Sie, verehrter Leser, einmal hinterlassen, wird sich sofort wieder schließen. Also noch mal: Was könnte dann so wichtig an den Dingen sein, die Sie allesamt so wichtig nehmen?

Wenn wir bereit sind loszulassen, wenn wir nicht festhalten und anklammern, befinden wir uns im dauernden Fluss der Schöpfung.

Dabei können wir uns selbst nicht ändern, ohne dass sich auch unser Umfeld verändert! Unser Umfeld ist immer eine Reflexion unserer selbst. Wir ziehen ein bestimmtes Energiefeld an und stoßen andere Energiefelder ab.

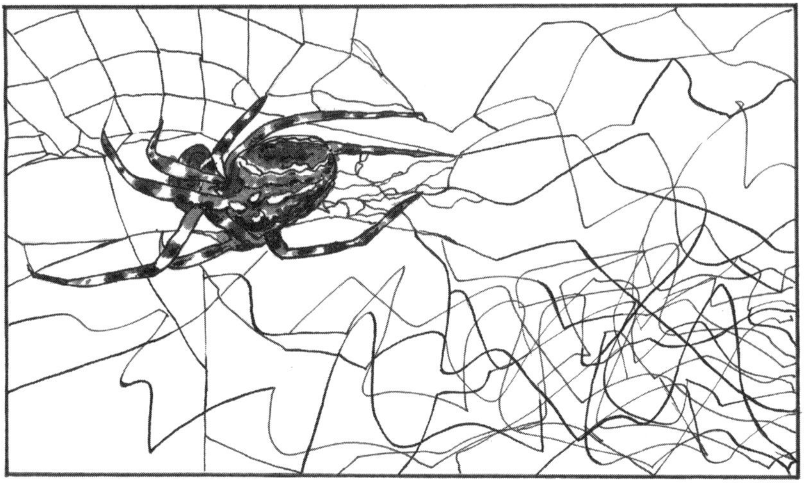

Wenn sich unser Energiefeld, das von unseren Gedanken, Vorstellungen, Ängsten, Nöten, Sorgen oder auch von Freude, Zuversicht, Optimismus und Mut geprägt ist, ändert, ändert sich auch das, was wir mit der daraus resultierenden Ausstrahlung anziehen.

Natürlich war das auch im Leben unseres Anwalts nicht anders. Der einzige und entscheidende Unterschied zu früher bestand darin, dass er es jetzt erkannte, dass es ihm jetzt bewusst wurde, dass er seine partielle Blindheit endlich überwunden hatte und daraus neue Kraft und Zuversicht schöpfte.

Diese neue Sicherheit gab ihm das Gefühl, Berge zu versetzen und seinem Leben endlich einen Sinn geben zu können.

Natürlich war das, was er bisher getan hatte, nicht sinnlos, aber hatte es tatsächlich etwas mit dem Sinn seines Lebens zu tun? Solche Gedanken waren zwar noch nicht ausgereift, dafür war der Umbruch zu schnell erfolgt, aber sie trieben ihn immer mehr um. Irgendetwas ganz Neues würde auf ihn zukommen, dessen war er sich gewiss.

So nahm er zunächst ohne Zögern das Angebot einer Verbraucher-Organisation an, beratend für sie tätig zu werden und in Einzelfällen auch deren Mitglieder zu vertreten. Die vereinbarten Honorare waren nicht gerade üppig (die Organisation lebte von den Beiträgen ihrer Mitglieder) und weit von dem entfernt, was er vorher in seiner Kanzlei verlangt hatte, aber die Aufgabe reizte ihn irgendwie.

Da war plötzlich eine ganz andere Klientel, als er sie vorher gewohnt war. Waren es vorher mehr die Wohlhabenden und Vermögenden, die er vertrat und die seine Honorare zahlen konnten, so waren es nun eher die Angehörigen der Gegenseite, denen er helfen sollte. Dabei lernte er nicht nur eine ganz neue Sicht der Dinge kennen, er lernte auch erstmals so etwas wie echte Dankbarkeit eines Mandanten kennen.

Hatte man vorher seine Tätigkeit ganz selbstverständlich als etwas hingenommen, für das man schließlich fette Honorare zahlte, so kam nun ein für ihn bisher unbekanntes Element hinzu, dem er noch recht unsicher gegenüber stand.

So musste er krampfhaft ein paar Tränen unterdrücken, als eine alte Dame ihm einen Blumenstrauß aus ihrem Gärtchen überreichte, weil sie ihm ja sonst nichts zahlen konnte und er ihr doch immerhin den Verbleib in ihrem Häuschen gesichert hatte. Es blieb nicht der einzige Blumenstrauß.

Die Einladung, sie doch einmal zum Nachmittagskaffee zu besuchen und auch seine Frau mitzubringen, schlug er allerdings aus. Das ging ihm nun doch zu weit. Als er seiner Frau davon erzählte, meinte diese, dass er mit ihr doch immer ganz normal zu Partys und Feiern seiner wohlhabenden Klienten gegangen sei, wo er dann als Anwalt der Familie … die schon sein Vater … usw. Warum also nicht zu der alten Dame?

Stressig konnte seine neue Tätigkeit nicht werden. Es gab festgelegte Beratungszeiten in der Geschäftstelle der Organisation, von der auch alle organisatorischen Dinge erledigt wurden. Um den

Kleinkram, der ihn vorher eine beträchtliche Zeit des Tages oder auch der Abendstunden gekostet hatte, musste er sich nicht kümmern.

Einige seiner alten Kollegen gingen auf Distanz zu ihm. Sie sahen so etwas wie einen romantischen Aussteiger in ihm, der sich nun als Robin Hood der Bedürftigen aufspielte und damit den guten, untadeligen und altehrwürdigen Ruf der Kanzlei seines Vaters aufs Spiel setzte.

Die privaten Einladungen aus diesem Kreis wurden immer seltener. Offensichtlich hatte man so etwas wie Berührungsängste. Insgeheim fand sicher so mancher seinen neuen Weg nicht schlecht, beneidete ihn vielleicht sogar um das Stück Freiheit, das er gewonnen hatte, und wäre auch gerne selbst so einiges losgeworden. Aber zugeben …? Schließlich lebte man von seinem guten Ruf.

Wenn wir für unseren guten Ruf
Dinge tun müssen,
die wir lieber nicht tun würden,
richtet dieser mühsam erworbene Ruf
unser Selbst nicht auf,
sondern eher zugrunde.

Wir leben nicht mehr uns selbst, sondern nur noch unseren Ruf. Wir versuchen nur noch, den mit unserem Ruf verbundenen Erwartungen gerecht zu werden. Wir wollen nicht enttäuschen, schließlich leben wir ja von unserem guten Ruf – eine perfekte Falle. Wir stecken in einem Kostüm, von dem wir glauben, es nicht ausziehen zu können, ohne plötzlich völlig nackt dazustehen.

Unser Anwalt hatte sein Kostüm ausgezogen und dabei schmunzelnd festgestellt, dass er – entgegen allen Befürchtungen – nun keineswegs nackt dastand, ganz im Gegenteil. Wenn er an einem schönen Sommerabend mit seiner Frau durch die Stadt bummelte, sich eisschleckend auf die Treppen der Kirche setzte und die vorübergehenden Leute beobachtete, war dies zwar keineswegs standesgemäß, aber ungeheuer befreiend und anziehend.

Wenn andere Zeitgenossen so etwas höchstens einmal im Urlaub wagten, so hatte er nun gewissermaßen Dauerurlaub.

Auch zu seinen Kindern entwickelte er ein ganz neues Verhältnis. Er war von der Wolke, auf der er für seine Kinder geschwebt hatte, herabgestiegen und anfassbarer geworden. Er konnte plötzlich Dinge verstehen, über die er vorher nur ungläubig den Kopf geschüttelt hätte. Seine Kinder konnten mit ihm über Probleme reden, die sie vorher nicht einmal gewagt hätten anzuschneiden.

Nun will ich Sie nicht endlos mit dieser Geschichte langweilen. Sie ergibt nur dann einen Sinn, wenn Sie sie immer wieder mit Ihrem eigenen Leben vergleichen.

Schweben Sie auch auf einer Wolke, die Sie für Ihre Kinder oder auch für Ihren Partner oder Partnerin unerreichbar macht? Dann steigen Sie schnellstens von dieser Wolke herunter, eine andere Chance haben Sie nicht. Ihre Kinder werden hoffentlich so klug sein, nicht auf Ihre Wolke steigen zu wollen. Zu solchen Erwartungen hätten Sie kein Recht.

Kinder haben das Recht auf ihr eigenes Leben, was auch in einer Partnerschaft gilt. Kinder und Partner müssen nicht in allen Dingen unseren Erwartungen entsprechen.

Wenn Sie dies nicht akzeptieren können oder wollen, schauen Sie sich doch einfach die Geschichte unseres Anwalts an. Dass er immer versuchte, den Erwartungen seiner Eltern gerecht zu werden, hat ihn genau an den Punkt gebracht, an dem er bei seiner Krebserkrankung stand.

Die jetzt endlich vollzogene Wende wäre nicht nötig geworden, wenn er sich nicht in den Käfig der Vorstellungen und Erwartungen seiner Eltern so vollkommen hätte einsperren lassen.

Den Eltern ist kein Vorwurf zu machen. Sie wollten sein Bestes. Sie wollten stolz auf ihren Sohn sein können und er sollte einmal genauso erfolgreich und angesehen sein wie sein Vater. Sie haben nie begriffen, dass sie kein Recht hatten, darüber zu entscheiden, was denn nun für ihren Sohn das Beste sei.

Der äußerst schwierige Balanceakt zwischen gezielter Führung und der Gewährung persönlicher Entscheidungsfreiheit wird von den meisten Eltern nicht beherrscht.

Und so herrscht in den meisten Familien eher Krieg als Friede. Die Eltern reagieren mit Machtausübung, solange sie noch die Macht dazu haben. Haben sie diese Macht verloren, versuchen sie nicht selten Schuldgefühle bei den Kindern zu wecken oder regieren mit Verweigerung.

Dies ist nicht mehr unser Sohn/unsere Tochter, wir sind ja so enttäuscht. Dass diese Enttäuschung etwas Positives ist, dass sie nichts anderes ausdrückt, als dass sie in einer Täuschung gelebt haben, nun „ent"-täuscht sind und endlich klar sehen, begreifen sie in der Regel nicht. Dazu müssten sie erst ihren eigenen Käfig sprengen.

Phase III
Das Endresultat

Nun habe ich am Anfang des Buches immer wieder betont, dass der Prozess der zweiten Geburt nichts mit dem zu tun hat, was man gemeinhin unter dem Begriff des „Aussteigens“ versteht. Ganz im Gegenteil, es ist mehr ein Einsteigen als ein Aussteigen, was Sie sehr bald verstehen werden.

Ein Einstieg in eine neue Sicht des Lebens.
Ein Einstieg in die Fülle der Schöpfung.
Ein Einstieg in die Lust am Leben.
Ein Einstieg in die innere Freiheit.
Ein Einstieg in ein neues Wertesystem.

Ein Prozess der zweiten Geburt, der uns lediglich von einem Käfig in einen anderen wechseln ließe, wäre ein völlig überflüssiges Unterfangen.

Wenn wir uns die Geschichte unseres Anwalts ansehen, dann war er im Stadium vor der Krebserkrankung bereits weitgehend aus dem Leben – oder besser gesagt aus der Lebendigkeit des Lebens – ausgestiegen. Er lebte nicht, er wurde gelebt. Alles, einschließlich seiner Ehe, lief nur noch routinemäßig ab.

Die Lebendigkeit, der ständige Wechsel, die immer neuen Herausforderungen, die das Leben nun einmal ausmachen, beschränkten sich ausschließlich auf seinen Beruf und waren in seinem privaten Leben weitgehend verloren gegangen. Er war eingegossen in ein Korsett, das ihn fest einschnürte und dessen Stangen ihn überall schmerzten.

Alles wurde ihm mehr oder weniger zur Last, jede Bewegung war schmerzhaft. Es war mehr ein Überleben, es war mehr ein Funktionieren, als dass man es als Leben bezeichnen könnte. Die Kraft, die diese tägliche Anstrengung kostete, schaffte dann jenes Defizit und jenes negative Energiefeld, in dem der Krebs Fuß fassen konnte. Er war leergelaufen.

Lebensfreude, Lebenslust, Fröhlichkeit, Leichtigkeit, Optimismus und Unbeschwertheit, die gesündeste Basis eines jeden Lebens, waren abhanden gekommen.

Pflichterfüllung, Durchhaltewillen, Sorgen um die Aufrechterhaltung des Status, der Finanzen, des eigenen Ansehens, des Alterns, der Gesundheit usw. waren an ihre Stelle getreten.

„Freude verboten, dazu ist das Leben zu ernst“, so könnte man diese negative Plattform auch umschreiben.

Das Schlimmste an einer solchen Situation ist, dass man selbst keinen Ausweg sieht, dass man keine Chance sieht, die Lebensumstände auch nur irgendwie ändern zu können. Die finanziellen Verpflichtungen, die Kinder, das Haus usw., und zudem weiß ja heute jeder, wie schwierig es ist, überhaupt einen Job zu bekommen und vor allem im fortgeschrittenen Alter, und wenn man dann mal krank wird usw. usw. Also weitermachen, weitermachen, weitermachen …

Ich denke, dass heute ca. 90 % der Menschen in den westlichen Zivilisationen unter derartigen Umständen leben. Ich kenne zahlreiche solcher Fälle aus meiner Praxis, aber ich kenne nicht einen einzigen Fall, in dem es nicht auch einen Ausweg aus dieser Falle gegeben hätte. Allerdings ist es für denjenigen, der in der Falle sitzt, mehr als schwierig, diesen Ausweg zu erkennen. Als erfahrener Therapeut erkennt man solche Auswege wesentlich leichter.

Indirekt ist die weite Verbreitung derartiger Lebensumstände auch an der ständig steigenden Krankheitsrate abzulesen. Machen Sie selbst den Test: Kennen Sie in Ihrem näheren Umfeld einen Menschen, der völlig gesund ist, der in keiner ärztlichen Behandlung steckt, keinerlei Medikamente nimmt, nie über irgendwelche Beschwerden klagt, sich einfach seines Lebens erfreut und nicht einmal über Krankheit nachdenkt?

Sollten Sie tatsächlich jemanden gefunden haben, dann handelt es sich mit aller Wahrscheinlichkeit um einen noch recht jungen Menschen. Schon fünfzig und völlig gesund, das kann doch nicht sein.

Keine Angst, es kann sein! Dazu ist es aber notwendig, dass wir rechtzeitig umsteigen – nicht aussteigen.

Wenn wir das Leben mehr als ein Spiel zelebrieren und weniger als einen Kampf, der täglich unsere ganze Kraft erfordert, geht es uns sofort besser.

Wenn der tägliche Kampf tatsächlich unsere ganze Kraft erfordert, bleibt für etwas anderes nichts mehr übrig. Welch eine selbstverschuldete Armut! Wir haben etwas falsch gemacht! Wir hatten die Kraft, wir haben sie nur falsch eingesetzt, wir können uns nicht beklagen.

Dies ist im Prinzip das Gleiche, wie wenn jemand behauptet, dass er keine Zeit hat. Wie kann es sein, dass jemand keine Zeit hat? Nichts auf dieser Welt ist gerechter verteilt als die Zeit. Jeder bekommt jeden Tag exakt vierundzwanzig Stunden. Es liegt doch allein an ihm, wie er mit diesen vierundzwanzig Stunden umgeht, und sollte jemand behaupten wollen, dass es leider nicht an ihm liegt, dann muss *er* diesen Umstand dringend ändern – wer sonst sollte ihn ändern?

Nun wird mancher denken, der Kerl sollte mal an meiner Stelle stehen, dann würde ihm sein kluges Geschwätz schon vergehen. Einverstanden, aber ich stehe nicht an Ihrer Stelle, ich wäre wahrscheinlich auch gar nicht erst an diese Stelle geraten, und selbst wenn ich jetzt an dieser Stelle stehen würde, würde ich mich dort ganz anders verhalten, als Sie es jetzt wahrscheinlich tun, oder Sie hätten kein Problem mit dieser Stelle.

Verzeihung, natürlich haben Sie kein Problem. Sie beißen sich schon durch, Sie zeigen allen die Zähne, werden keinesfalls aufgeben, keine Schwäche zeigen und niemand wird Sie unterkriegen. Das hatte ich im Moment übersehen.

Aus einer großen bayerischen Automobilfirma wurde mir folgende Philosophie berichtet:

„Unsere Manager haben keine Probleme, unsere Manager lösen Probleme.“

Welch ein himmlischer Zustand. Nur Manager, die keine Probleme haben, die in glücklichen Familien leben, vor Lebenslust und Lebensfreude nur so sprühen und ein ausgeglichenes, angstfreies und gesundes Leben führen. Die ungetrübte Lust, für dieses himmlische Unternehmen tätig sein zu dürfen, geht dann bei manchen so weit, dass sie sechzig und mehr Stunden im Unternehmen verbringen und auch noch Arbeit mit nach Hause nehmen. Die absolut uncharmanten Worte vom Burnout-Syndrom, vom Stress-Syndrom, von gestressten Managern usw. müssen demnach eine rein preußische Erfindung sein.

Lassen Sie mich weiter über unseren Anwalt berichten: Das Eisschlecken auf den zur Kirche führenden Stufen, das ich bisher nur so nebenbei erwähnt habe, wurde für ihn zu einem Schlüsselerlebnis, das dann auch die letzte noch notwendige Änderung bewirkte. Wie das, werden Sie sich fragen? Wie kann Eisschlecken auf Kirchenstufen eine Lebensänderung bewirken? War hier etwa der heilige Geist die Stufen hinabgeschritten und hatte ihn verwandelt?

Die Antwort ist wesentlich einfacher: Wenn er hier saß, hatte er einen Überblick über das Treiben der Menschen, wenn er hier saß, schlüpfte er in die Rolle eines Beobachters, wenn er hier saß, war er selbst nicht involviert. Es war, wie wenn er einen Film betrachtete, der vor ihm ablief.

Er sah langsam dahinschlendernde oder auch hetzende Menschen. Sah Schimpfende und Verliebte, gebeugt und aufrecht Gehende, Kinder und Greise, Reiche und Bettler, überfettete und schlanke Menschen, Männlein und Weiblein, Einheimische und Ausländer. Einige schoben ihr Fahrrad voller Rücksichtnahme neben sich her, andere saßen darauf und bahnten sich rücksichtslos einen Weg durch die Menge.

Er sah wild gestikulierende Menschen, die sich mit einer Parkwächterin anlegten, und Mütter, die ihr Kind an der Hand hinter sich herzogen und mit ihren Einkaufstüten kämpften. Kurz, er hatte einen direkten Blick auf die Vielfalt und Lebendigkeit des Lebens. Oberflächlich zwar, in die Menschen konnte er nicht hineinsehen, aber er versuchte sich bei einigen Menschen eine Geschichte vorzustellen, die zu ihnen passen könnte.

Haben Sie so etwas schon einmal versucht? Sind Sie schon einmal in den völlig neutralen Beobachterstatus geschlüpft und haben einfach nur zugeschaut? Ich würde Ihnen eine solche Übung dringendst empfehlen und verrate Ihnen dazu eine Technik, mit der Sie Ihr Erleben noch wesentlich intensivieren können.

Wenn Sie einfach nur geradeaus schauen, wenn Sie nichts Bestimmtes anschauen, wenn Sie Ihren Blickwinkel ganz weit öffnen, wenn Sie sehen, ohne bewusst hinzusehen, wenn Sie tagträumen, wenn Sie da sind, ohne da zu sein, wenn Sie zuschauen, ohne zuzuschauen, löst sich der normale Abstand zwischen Bild und Betrachter auf und das Bild ist ebenso in Ihnen, wie Sie in dem Bild sind. Eine ganz andere Art des Sehens.

Wenn unser Anwalt die Menschen so von seiner Treppe aus beobachtete, drängte sich ihm immer wieder die Frage auf, was denn wohl so wichtig an all dem sei, dem die Menschen so hinterhereilen?

Was würde von all den Wichtigkeiten übrig bleiben? Gab es überhaupt etwas Wichtiges oder war es immer nur für den einzelnen Menschen wichtig?

Was hatte er selbst in seinem Leben schon alles wichtig genommen? Was war davon übrig geblieben? Was wäre eigentlich passiert, wenn er es von Anfang an nicht so wichtig genommen hätte?

„Gar nichts“, hörte er sich innerlich sagen, und diese Antwort wirkte gleichermaßen beängstigend wie befreiend auf ihn.

Wenn ich selbst z. B. mit der Rolltreppe durch die einzelnen Etagen eines Kaufhauses fahre, erlebe ich es immer wieder, dass sich auf der Rolltreppe Leute an mir vorbeidrängen. Sie sind dann zwei bis drei Stufen vor mir in der nächsten Etage und ich frage mich, was sie wohl davon haben. Anschließend sehe ich sie dann vor irgendwelchen Warentischen stehen, Preisschilder studierend oder die Ware kritisch befühlend.

Was haben sie nun gewonnen, was haben ihnen die zwei, drei Stufen gebracht? Gar nichts! Aber warum drängeln sie dann? Von irgendetwas getrieben können sie offensichtlich gar nicht anders. Aber was treibt sie und warum?

Bei manchen Menschen habe ich den Eindruck, dass sie in der ständigen Angst leben, etwas zu verpassen. Aber da spielen doch zwei, drei Stufen keine Rolle – oder etwa doch? Es sind doch keine Stufen zur Glückseligkeit, es sind lediglich die Stufen einer sich ständig bewegenden Rolltreppe, bei der die jeweils höchste Stufe automatisch wieder verschwindet und dann ganz unten wieder auftaucht. Ist das Leben nicht auch so etwas wie eine sich ständig bewegende Rolltreppe? Was heute unten ist, wird morgen oben sein, und was heute oben ist, wird morgen unten sein. Die gesamte Schöpfung ist in dauernder Bewegung. Nichts bleibt so, wie es ist. Auch das wird vorübergehen.

Es ist wesentlich leichter, die Bewegungen des gesamten Universums als das Verhalten eines einzigen Menschen zu ergründen.

Die Übungen auf der Kirchentreppe brachten unseren Anwalt zunächst einmal dazu, über vieles, das er bisher so ernst genommen hatte, nur noch wohlwollend zu lächeln. Vor allem nahm er sich selbst nicht mehr so ernst, wohl die wichtigste aller Veränderungen. Hatte er sich vorher vollkommen mit seiner Rolle identifiziert, hatte er in dieser Rolle sein Ich gesehen, so konnte er jetzt auch im Tagesablauf zu dieser Rolle Abstand nehmen und sie aus der Distanz beobachten, auch ohne dazu einer Kirchentreppe zu bedürfen.

Er sah sein Leben plötzlich mehr als ein Spiel, in dem er eine ganz bestimmte Rolle spielte, aber er identifizierte sich nicht mehr mit dieser Rolle, er wurde zu einem wohlwollend kritischen Beobachter dieser Rolle.

Er sah sich selbst ebenso als eine Figur in diesem Spiel, wie auch alle anderen nichts als Figuren waren, die sich in diesem Spiel bewegten oder von etwas bewegt wurden. Wovon werden eigentlich Sie bewegt?

Je mehr er von außen auf dieses Spiel draufschaute, je mehr er zum kritischen Beobachter wurde, je mehr er die Übersicht über das Spiel bekam, desto leichter fiel es ihm, die Figuren dieses Spiels in seinem Sinne in Bewegung zu setzen und dabei auch die eigenen Bewegungen zu planen. Dadurch kämpfte er nicht mehr an den falschen Stellen, investierte nichts mehr in Positionen, die er sowieso nicht halten konnte.

Er bewegte die Figuren des Spiels – und auch seine eigene Figur – recht behutsam. Er war ein Stück weise geworden. Das Spiel hatte er nun im Griff, es lief dadurch für ihn und nicht mehr gegen ihn.

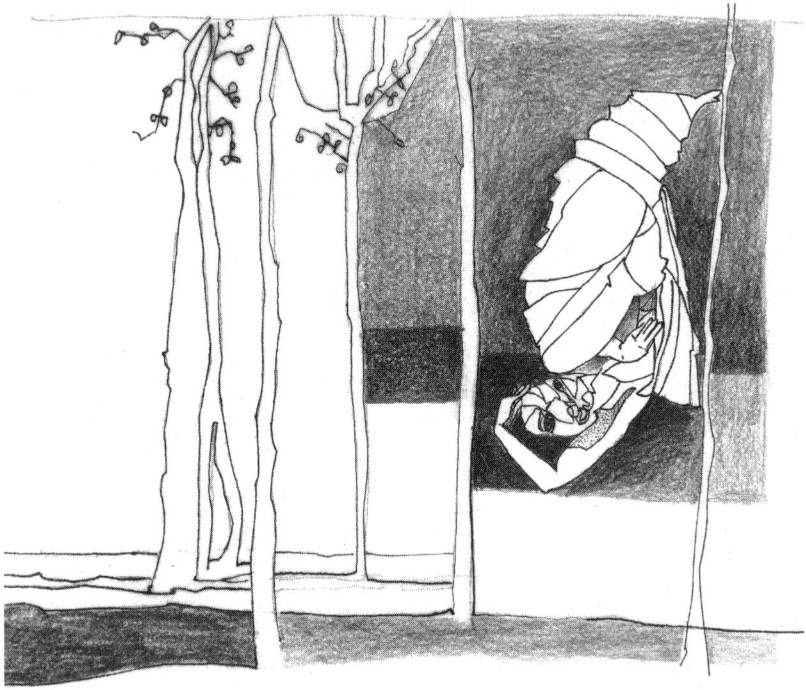

Eigentlich war es ja auch nie gegen ihn gelaufen, das einzige Problem dabei war, dass er das nicht erkannt hatte, dass er zu viele Umwege genommen hatte. Auch die tief an seinen Fundamenten rüttelnde Krebserkrankung, die er inzwischen völlig überwunden hatte, war für ihn und nicht gegen ihn gerichtet. Ohne diese Erkrankung hätte er sein neues Leben niemals begonnen. Ohne diese Erkrankung hätte er sein bisheriges Leben weiterhin abgesessen.

Die Erkrankung war sein Glück, und bei diesen Gedankengängen empfand er inzwischen sogar so etwas wie tiefe Dankbarkeit.

Er hatte nie viel mit einem Gottesbegriff anfangen können, und mit Religionen und deren starren Regeln konnte er sich ebenfalls nicht anfreunden.

Heilsberg Apotheke

Apotheker Dr. Ulrich Hentschel

Ihre freundliche Apotheke – Ihr Partner fuer Gesundheit

Anita

Alte Frankfurter Straße 28a · 61118 Bad Vilbel
Tel. 85017 · Fax 88494 · *Heilsberg-Apotheke@freenet.de*

Aber nun spürte er zum ersten Mal so etwas wie eine Führung in seinem Leben, nun fühlte er, dass es eine Macht in seinem Leben gab, die mächtiger war als er und die es vor allem „gut mit ihm meinte".

Natürlich hatten ihn auch seine Eltern immer geführt, aber das, was er jetzt spürte, war etwas ganz anderes, war eine ganz andere Dimension, hatte nicht irgendeinen Eigennutz, sondern lediglich seinen Nutzen im Sinn.

Er wurde plötzlich gläubig, ohne im Sinne einer Religion zu deren Gläubigen zu zählen.

Und nun kann ich Ihnen sogar etwas berichten, was Sie so sicher nicht erwartet hätten: Er fand wieder Spaß an seinem Anwaltsberuf und mischte sich wieder mehr und mehr in das Geschehen der Kanzlei ein, aus der er sich ja innerlich schon so gut wie verabschiedet hatte. Allerdings nicht ohne anfänglich auf den Widerstand seines Sozius zu stoßen, der die Kanzlei ja eigentlich vollkommen übernehmen sollte und dazu mit dem Ausscheiden des Seniors gerechnet hatte.

Aber auch dieses Problem löste er spielerisch. Durch seine neue Umgänglichkeit, Freundlichkeit und Leichtigkeit sah ihn sein Sozius nicht mehr als Konkurrenten, sondern mehr und mehr als einen willkommenen Freund und Partner an, als eine Bereicherung für die Kanzlei und auch für sein eigenes Leben. Hatte auch er vorher versucht, als Nachfolger dem altehrwürdigen Anspruch der Kanzlei gerecht zu werden, so wirkte die neue Leichtigkeit seines Seniorpartners nun auch irgendwie befreiend auf ihn. Die auch ihn nahezu erdrückende Last, den Ansprüchen genügen zu müssen, fiel von seinen Schultern.

Unser Anwalt führte natürlich die Aufgaben, die er in der Verbraucherorganisation übernommen hatte, ordnungsgemäß weiter – auf die dortigen Erfahrungen, die ja Teil seiner neuen Entwicklung waren, wollte er nicht verzichten –, aber zusätzlich dazu übernahm er auch wieder neue Klienten der Kanzlei.

Ob er einen Fall übernahm oder nicht, machte er nun allerdings davon abhängig, ob er auch selbst einen Sinn in der Durchsetzung dessen sah, was ein Mandant von ihm erwartete oder nicht. Er war nicht mehr um jeden Preis der pflichtgemäße Interessenvertreter eines Mandanten, gleichgültig, wie dessen Interessen auch waren. Die Durchsetzung des Anliegens eines Mandanten musste nunmehr auch auf seiner Linie liegen, musste auch seinen neu gewonnenen Lebenseinsichten entsprechen. Er musste sich voll und ganz damit identifizieren können – oder er übernahm den Fall nicht.

Welch ein Luxus, wird so mancher Anwalt denken, der so ziemlich jede Vertretung übernehmen muss, um zu überleben. Vielleicht sollte ein solcher Anwalt einmal dringend darüber nachdenken, warum er in einer solchen Misere steckt. Es muss etwas mit ihm zu tun haben, oder er hätte das Problem nicht.

***Wenn wir täglich Dinge tun müssen,
die wir innerlich nicht mittragen,
werden wir dabei
keinen großen Erfolg haben können.***

Gleichgültig, um welche Art Tätigkeit es sich dabei handelt. Das Ergebnis wird immer nur mittelmäßig sein, und diese Mittelmäßigkeit zieht dann auch ihrerseits wieder nur Mittelmäßigkeit an. Gleiches zieht Gleiches an, ein endloser Kreisverkehr.

Dies gilt nicht nur für selbständige Tätigkeiten, dies gilt auch für die Mitarbeiter eines Unternehmens. Sehen Mitarbeiter keinen Sinn in ihrer Tätigkeit, können sie die Ziele des Unternehmens innerlich nicht mittragen, werden sie immer nur mittelmäßige Arbeitsergebnisse abliefern, und genau dies kann sich auch ein Unternehmen auf Dauer nicht leisten.

So etwas kann höchstens noch in einer Behörde, die keine Konkurrenz zu fürchten hat, funktionieren. Jemand macht seinen Job bis zur Pensionierung lediglich so vorschriftsmäßig und korrekt, dass ihm nichts vorzuwerfen ist.

Persönliches Engagement gleich null, persönliches Interesse ebenfalls gleich null, persönliche Befriedigung leider ebenfalls null.

Ein Leben im Nullbereich, das auch auf anderen Ebenen immer weitere Nullen anzieht. Gleiches zieht Gleiches an. Niemand kann diese Gesetzmäßigkeit außer Kraft setzen.

***So gleichgültig und uninteressiert
wir anderen Menschen begegnen,
so gleichgültig und uninteressiert
werden andere Menschen uns begegnen.***

Lassen Sie mich dies an einem Beispiel noch etwas vertiefen. Wenn es z. B. unumgänglich ist, eine Behörde aufzusuchen, und sei es auch nur, weil wir einen neuen Ausweis brauchen, unseren Angelschein verlängern lassen wollen oder sonst etwas, ist der Ablauf immer wieder ziemlich gleich:

Wir klopfen an die Tür, hinter der sich nach dem daneben angebrachten Hinweisschild der gesuchte Amtsträger befindet, und hören – wenn wir Glück haben – ein deutliches „Herein“ oder „Ja“. Haben wir kein Glück und hören nichts, sind wir zunächst unentschlossen, ob wir die Tür trotzdem öffnen sollen oder nicht.

Wir entscheiden uns zu öffnen und werden mit einem unfreundlichen „Moment noch“ gleich wieder hinausgedeutet. Es sitzt schon jemand auf dem zugeordneten Besucherstuhl, und wir haben bis zu dessen Abfertigung zu warten. Wir sind uns keiner Schuld bewusst, denn schließlich konnten wir ja nicht durch die Tür hindurchsehen.

Nachdem nun der vorherige Besucher den Raum verlassen hat, dürfen wir nun endlich eintreten. Ich garantiere Ihnen, zu neunzig Prozent sieht der Raum, den wir jetzt betreten, wie folgt aus:

Gegenüber der Tür liegen die zwei Fenster des Raumes, davor zwei quergestellte Schreibtische mit dem berühmten Besucherstuhl davor. Links oder auch rechts in der Ecke befindet sich ein Waschbecken. Auf der Verkachelung darum sind die Urlaubs-Postkartengrüße der Kollegen aufgeklebt. Auf der Fensterbank stehen ein paar mehr oder weniger verkümmerte – in seltenen Fällen auch gelungene – Topfblumen und je ein Kalender ziert die rechte und linke Seitenwand.

Wir nehmen Platz, obwohl die freundliche Aufforderung dazu nur undeutlich gemurmelt wird. Wir haben alles fein säuberlich vorbereitet, bringen unser Anliegen vor und haben auch die entsprechenden Papiere zur Hand. Der Amtsträger nickt gnädig, interessiert oder sogar zustimmend.

Was hier abläuft, ist ein fest eingefahrenes Rollenspiel, das wir nur durchbrechen können, wenn wir ganz anders auftreten.

Ich mache das z. B. wie folgt: Mit einem schnellen Blick erfasse ich die Situation einer Amtsstube und nehme mir irgendetwas heraus, was ich dem Amtsinhaber als für mich hochinteressant darstelle; die üppige Blume auf der Fensterbank z. B.: *„Ach, ich hatte die gleiche Pflanze, die ist aber doch sehr schwierig zu pflegen, mir ist das nie gelungen, wie haben Sie das nur gemacht? Kompliment!“*

Nach einem ersten und meist unbeholfenen Erstaunen hören ich dann meist den Tipp mit den Eierschalen im Gießwasser, dem Gießen nur von unten und niemals von oben oder irgendeine andere Erklärung. Ich höre auf jeden Fall interessiert zu und gebe meiner großen Dankbarkeit für diesen Tipp Ausdruck.

Ist die Blume eher als kümmerlich zu bezeichnen, signalisiere ich eher so etwas wie Anteilnahme. Ich sage, dass es auch mir nie gelungen ist, ein solches Exemplar zum Blühen zu bringen, obwohl ich doch mit anderen Pflanzen immer viel Glück hatte … usw. usw.

Bieten die Blumen keinen Ansatzpunkt, werfen ich einen Blick auf die Postkarten: „Ach, ist das nicht …? Waren Sie auch schon mal da? Wirklich schön und dort ging es uns jetzt allen bestimmt besser als hier.“ Ich garantiere Ihnen, Sie werden mir kein Büro vorführen können, in dem ich nicht einen ergiebigen Ansatzpunkt finden würde, sei es der Lärm der vorbeiführenden Straße, die das Büro aufheizende Mittagssonne, die surrende Klimaanlage oder sonst etwas. Aber warum, werden Sie sich fragen?

Ganz einfach: Mit meiner Einlassung setze ich zunächst einmal den üblichen Routineablauf eines Besuchs außer Kraft. Ich begegne dem, der da sitzt, als einem Menschen und nicht nur als einem Funktionsträger. Ich spreche ihn auf der menschlichen und nicht nur auf der amtlichen Ebene an, so wie er es tagein, tagaus gewohnt ist. Ich begegne ihm auf einer Schwingungsebene, die sonst nicht mitschwingt. Ich habe etwas geöffnet, was normalerweise ungeöffnet bleibt.

Ich habe auf diese Weise schon manch interessantes Gespräch geführt und das, wozu ich die Amtsstube ja eigentlich betreten hatte, wurde wie nebenbei erledigt. Ohne große Probleme, ohne große Rückfragen, so, wie ein lästiger Pflichtteil, der halt zu erledigen war.

Ging etwas tatsächlich einmal nicht so, wie ich es mir vorgestellt hatte, kamen die Einwände fast entschuldigend und die Tipps, die mir gegeben wurden, wie es denn gehen könnte, wurden mir noch kostenlos mitgeliefert.

Als sogar einmal ein bestimmtes Papier in meinen Unterlagen fehlte, bemühte sich der Amtsträger sogar höchstpersönlich ein Stockwerk höher, um bei einem Kollegen, mit dem er vorher telefoniert hatte, dieses fehlende Papier zu besorgen.

Wir haben für alles, was in unserem Alltag abläuft, eine feste Vorstellung in uns gespeichert, wie es nun einmal abzulaufen hat.

Wenn wir durch ein ganz anderes Verhalten eine gespeicherte Vorstellung sprengen, ist unser Gegenüber zunächst völlig verblüfft und muss nun auch seinerseits nach einer anderen Verhaltensweise suchen.

Dabei ist immer der im Vorteil, der agiert und die alten Verhaltensmuster außer Kraft setzt. Er übernimmt automatisch die Führungsrolle.

Dies gilt auf allen Ebenen gleichermaßen, und ich möchte Ihnen auch dazu noch ein kleines Beispiel geben: Ich bin ein großer Blumenfreund und schlendere gern einmal durch die großen Gartencenter, so u.a. auch in unserer Kreisstadt Rosenheim.

Als ich wieder einmal interessiert einige Pflanzen betrachtete, sprach mich ein Herr, der für mich zunächst nicht als Verkäufer zu erkennen war, mit folgender Frage an: *„Kommen Sie zurecht"?* *Meine Antwort: „Ja, schon mein Leben lang."*

Er schaute mich völlig irritiert an. Ich hatte seine Vorstellungen von gegenseitigem Verhalten mit einer einzigen, aber völlig unerwarteten Erwiderung außer Kraft gesetzt.

Irgendwie versuchte er dann zu signalisieren, warum und in welchem Sinne er mir diese Frage gestellt habe: *„Ja, wir helfen gerne." Meine Antwort: „Mache ich denn schon den Eindruck einer hilflosen Person?"*

Damit hatte ich ihm dann völlig den Boden entzogen. Er starrte mich seinerseits hilf- und sprachlos an und verschwand dann hinter irgendwelchen Pflanzen. Er tut mir jetzt noch leid, denn manchmal reitet auch mich ein kleines Teufelchen, aber ich lerne dann ebenso daraus, wie auch mein Gegenüber daraus lernen könnte, wenn er denn dazu bereit wäre. Wahrscheinlich wird er aber nur erzählen, dass er heute einem besonders komischen Kauz begegnet und ihm so etwas noch nie passiert sei.

Nun erinnere ich Sie noch einmal an die Arbeitsweise unseres Unterbewusstseins: Es addiert unseren Erfahrungen alles hinzu, was zu diesen Erfahrungen passt, und boykottiert alles, was diesen Erfahrungen widerspricht. Für meinen wackeren Verkäufer werde ich wohl schon alleine deshalb immer nur der komische Kauz bleiben. Sein eigenes Verhalten und seine eigene Frageweise wird er dadurch natürlich nicht hinterfragen.

Verzeihen Sie mir diesen kurzen Ausflug und gehen wir wieder zu unserem Anwalt zurück. Er agierte plötzlich auf einer ganz anderen Schwingungsebene, ohne sich dies jemals bewusst vorgenommen zu haben. Er war durch die Erfahrungen in seinem „Prozess der zweiten Geburt" mit diesem neuen Energiefeld so vertraut geworden, dass er gar nicht mehr anders konnte.

Es sah in jedem, der ihm begegnete, zunächst immer den Menschen. Er schaute wie durch diesen Menschen hindurch, und erst dann sah er das Problem. Er sah, dass auch Richter und gegnerische Anwälte zunächst einmal Menschen waren. Er begegnete auch dem Gerichts-Personal zunächst vor allem auf der menschlichen Ebene und öffnete sich damit Türen, die ihm vorher stets verschlossen geblieben waren.

Mit seinem alten Gehabe, seinem Dünkel, seinem Standesbewusstsein, seinem angestaubten und altehrwürdigen Kanzlei-Image hatte er sich selbst außen vor gestellt, und wer sich selbst außen vor stellt, steht halt außen vor, wo denn sonst?

Empfand man in seinem alten Rollenspiel oft Spaß daran, ihm eins auszuwischen, so war es nun eher eine Selbstverständlichkeit, ihm zu helfen. Man mochte ihn … der nette Herr …

Seine standesbewussten Kollegen fanden das natürlich weniger lustig, aber vorzuwerfen war ihm nun auch wieder nichts. Er strahlte etwas aus, was die anderen Kollegen eben nicht ausstrahlten, und diese seine neue Ausstrahlung zog etwas an, was die anderen nicht anzog.

Wenn sich das ändert,
was wir aussenden,
ändert sich auch das,
was wir anziehen.

Sie können das ganz leicht jeden Tag selber ausprobieren. Spenden Sie z. B. der Kassiererin an der Supermarktkasse einmal ein freundliches Wort. Sagen Sie ihr, dass Sie das Gepiepse der Kasse verrückt machen würde – wie sie das nur aushalten könne und dass sie sich den nahenden Feierabend sicher mehr als verdient habe oder etwas anderes in der Art.

Sie werden ein freundliches und dankbares Gesicht sehen, das Sie für Ihre kleine Mühe mehr als belohnt.

Sie haben sie als Mensch wahrgenommen, Sie haben ihr einfach gut getan. und dies wird nach dem Gesetz von Ursache und Wirkung wieder zu Ihnen zurückfließen.

Es gibt einen wunderbaren Satz, den ich in mein Leben integriert habe und den ich Ihnen nicht vorenthalten möchte.

Mag einer mir wünschen, was er will,
Gott geb' ihm davon zehnmal so viel.

Die großen und die kleinen Dinge

Was wir im Kleinsten nicht üben,
werden wir im Größten nicht beherrschen.

Ich kenne viele Menschen, die davon träumen, ihr Leben radikal zu verändern, die noch einmal ganz neu anfangen wollen, die alles ganz anders machen wollen, vielleicht sogar ganz woanders leben wollen, etwas ganz anderes tun wollen usw.

Leider kenne ich auch viele Menschen, die dies zwar alles versucht haben, dann aber wieder in den annähernd gleichen Problemen steckten, in denen sie auch vorher schon steckten. Zwar hatten sich die äußeren Umstände geändert, sie aber hatten sich nicht geändert.

Wo auch immer wir hingehen,
was auch immer wir tun,
uns selbst nehmen wir immer mit.

Wir können uns nicht durch einen Wandel im Äußeren den notwendigen Wandel im Inneren ersparen. Diese Rechnung geht niemals auf. Die unumstößliche Gesetzmäßigkeit heißt: „Wie innen, so außen." Wir können diese Reihenfolge nicht umdrehen, es funktioniert leider nicht.

Sind wir in unserem Innersten glücklich und zufrieden, sind wir an jedem Platz der Welt glücklich und zufrieden. Auch dabei nehmen wir uns immer mit.

Das heißt nun nicht, dass wir unser Glück und unsere Zufriedenheit z. B. durch einen Ortswechsel, durch eine andere Tätigkeit, durch einen Firmenwechsel, durch eine neue Partnerschaft oder dergleichen nicht noch erheblich steigern könnten. Das ist etwas ganz anderes. Das, was vorhanden ist, ist in der Regel immer noch steigerungsfähig oder wir hätten bereits einen nicht mehr steigerungsfähigen Grad der Erleuchtung erlangt.

Was aber in unserem Innersten
nicht vorhanden ist,
können wir durch äußere Umstände
wie einen Ortswechsel,
eine andere Tätigkeit usw.
niemals erlangen.

Noch einmal: Auch wenn Sie meinen, dass ich dies nun oft genug gesagt habe: „Wie innen, so außen" – nicht umgekehrt. Es gibt viele Lebenshilfe-Bücher, in denen diese Gesetzmäßigkeit völlig ignoriert wird. Sie empfehlen z. B. den Schreibtisch, den Kleiderschrank, den Keller usw. aufzuräumen, damit Ordnung in ein Leben einzieht.

Der erste Fehler:

Wenn jemand innerlich in der Ordnung lebt, wenn er sozusagen „in Ordnung ist", dann herrscht bei ihm auch Ordnung im Außen. Wenn er aber die innere Ordnung nicht schafft, sieht sein nur äußerlich aufgeräumter Schreibtisch, sein Kleiderschrank, sein Keller oder was auch immer nach kurzer Zeit wieder so aus, wie er schon vorher ausgesehen hat. Es war nur eine äußerliche Ordnung.

Der zweite Fehler:

Ordnung darf man keinesfalls mit Aufgeräumtheit verwechseln. Ordnung ist immer dann vorhanden, wenn ich etwas im Griff habe. Wenn ich auf meinem äußerlich unaufgeräumt erscheinenden Schreibtisch ohne Schwierigkeiten das finde, was ich vor drei

Wochen dort hingelegt habe und was sich jetzt unter einem Stapel anderer Papiere verbirgt, dann ist das durchaus in Ordnung.

Es gibt solche und ähnliche Beispiele in allen Lebensbereichen. Wenn jemand z. B. nicht mit der Zeit umgehen kann, wenn er nicht mit Geld umgehen kann, wenn er seine Nahrungsaufnahme nicht beherrscht usw., dann sind dies immer nur die äußeren Symptome eines inneren Mangels, einer inneren Unordnung, einer inneren Zerrissenheit usw. Wie innen, so außen!

Es gibt recht aussagekräftige Beispiele von Menschen, die z. B. in der Lotterie, im Lotto, im Casino oder sonst wo viel Geld gewonnen haben und darüber natürlich sehr glücklich waren.

Schauen wir uns diese Menschen nach einiger Zeit wieder an, werden wir feststellen, dass nur diejenigen ihr Glück durch den Geldgewinn vermehrt haben, die auch vorher schon glücklich waren, die auch vorher schon in der Ordnung waren.

Bei denjenigen, die vorher unglücklich und in Unordnung waren, hat der Geldgewinn eher ihr Unglück vermehrt. Sie beklagen nun auch noch den Verlust des Geldes, mit dem sie nicht umgehen konnten.

Also, wenn wir wirklich einen Wechsel wollen, wenn wir wirklich so etwas wie den Prozess der zweiten Geburt einleiten wollen, fangen wir im Kleinen an und bauen dann darauf behutsam das Große auf.

Ohne ein tragfähiges Fundament werden wir keinen Neubau errichten können, höchstens eine windige Gartenlaube.

Aber was sind nun kleine und was sind große Dinge? Ein Umzug z. B. – vielleicht sogar ins Ausland – wäre natürlich eine große Sache, dem würden wohl die meisten Menschen zustimmen. Verzeihung, für mich z. B. wäre es keine so große Sache. Ich bin achtundzwanzigmal in meinem Leben umgezogen, darunter auch ins fremdsprachige Ausland. Für jemand aber, der sein Leben lang am selben Ort oder zumindest in derselben Region gelebt hat, wäre es tatsächlich eine riesengroße Sache.

Sehen Sie, alles ist relativ. Bei einem Prozess der zweiten Geburt kommt es allein darauf an, was etwas für uns bedeutet, und nicht so sehr darauf, welche Bedeutung man ihm im Allgemeinen zumisst.

Es kann für uns eine riesengroße Sache sein, plötzlich den Nachbarn zu grüßen, mit dem wir seit Jahren im Streit leben, und für denjenigen, der ohnehin bei jeder sich bietenden Gelegenheit ein kleines Schwätzchen mit ihm hält, bedeutet es rein gar nichts. Für den, der im Streit lebt, kann dies dann sogar – wenn er keine andere Lösung mehr sieht – bis zur so genannten großen Sache, dem Umzug, führen.

Wenn Sie Ihren Prozess der zweiten Geburt einleiten wollen, empfehle ich Ihnen dringend, zunächst einmal eine exakte Auflistung darüber zu machen, was Sie an Ihren jetzigen Lebensumständen als unbefriedigend empfinden.

Wo liegt das, was Sie als Hauptproblem empfinden? Was sind Dinge, die Sie ja vielleicht noch hinnehmen könnten, wenn … Machen Sie so etwas wie eine A, B und C-Gruppe.

Die Gruppe A beinhaltet das absolut Elementare, von dem Sie überzeugt sind, es nicht ändern zu können. Die Gruppe B das, wovon Sie glauben, es mit entsprechenden Anstrengungen doch noch irgendwie hinzukriegen, und die Gruppe C das, was vielleicht sogar relativ leicht zu ändern wäre.

Wenn Sie diese Negativliste erstellt haben, stellen Sie eine weitere Liste mit all den Dingen auf, die Sie in Ihrem Leben als befriedigend bezeichnen und die Sie deshalb nur ungern verlieren würden.

Auch wenn Ihnen dabei zunächst nur der Hund der Nachbarin einfällt, den Sie gelegentlich spazieren führen. Seien Sie ganz sicher, es gibt auch in Ihrem Leben weitaus mehr als diesen Hund.

Der Mensch neigt dazu,
all das als selbstverständlich hinzunehmen,
was ihm gefällt, und im Gegenteil
all das als Unglück zu bewerten,
was ihm missfällt.

Gefallen und Missfallen unterliegen aber wiederum ausschließlich unserem persönlichen Maßstab. Wenn es uns also gelingen würde, unseren Maßstab zu ändern, würde sich damit natürlich auch unsere Bewertung ändern.

Erstellen Sie bitte diese beiden Listen. Tappen Sie nicht in die Bequemlichkeits-Falle, dass Sie das ja sowieso schon alles im Kopf und auch schon genügend darüber nachgedacht haben.

Was Sie im Kopf haben, dreht sich wie ein Karussell, was auf Ihren Listen steht, steht dort unverrückbar oder Sie können es eines Tages als „erledigt" streichen.

Die beiden Listen sind so etwas wie eine Bilanz. Sie zeigen Soll und Haben, und wenn diese beiden Seiten zumindest ausgeglichen sind, haben Sie keinen Grund wegzulaufen. Ist dies nicht der Fall, bauen Sie zunächst die Probleme der Sollseite so lange ab, bis die Habenseite überwiegt.

Wenn Sie sich mit einem Haben in Ihr neues Leben verabschieden, wird sich dieses Haben vermehren. Starten Sie mit einem Soll, werden Sie dieses Soll noch lange mitschleppen und nur sehr schwer auf die Beine kommen.

Was Sie hier nicht geschafft haben, werden Sie auch woanders und unter anderen Umständen nicht schaffen. Solange Sie auf die Lösung von außen hoffen, werden Sie vergebens hoffen.

Beginnen Sie Ihren Prozess der zweiten Geburt zunächst einmal damit, all das aufzuarbeiten, was Sie in der Gruppe C als „relativ leicht“ zu ändern“ eingestuft haben. Warum haben Sie das eigentlich nicht schon längst getan? Was hat Sie daran gehindert? Werden Sie sich auch darüber klar!

Parallel dazu nehmen Sie sich bitte auch die Liste mit den Dingen vor, auf die Sie nur ungern verzichten würden, die Positivliste sozusagen. Überlegen Sie, was Sie hier noch weiter ausbauen könnten, was Sie hier noch verstärken könnten, und entwickeln Sie dazu so etwas wie einen Aktivitätenplan.

In der Gruppe C ihrer Negativliste bauen Sie Störendes ab und in Ihrer Positivliste bauen Sie Willkommenes weiter aus. Die erste kleine Änderung, die aber nur dann eintritt, wenn Sie sich auch tatsächlich bewegen. Wenn Sie dies alles nur theoretisch in Ihrem Kopf hin- und herschieben, wird sich hingegen nichts bewegen, außer dem Umsatz für Kopfschmerztabletten vielleicht.

Auf diesen ersten kleinen Erfolgen können Sie dann weiter aufbauen und auch die Gruppe B nach Machbarem durchforsten. Ich gebe Ihnen meine absolute Garantie, dass Sie auch in der Gruppe B Dinge erkennen werden, deren Änderung Sie nunmehr durchaus für möglich halten und die Sie auch sofort anpacken wollen.

Die ersten kleinen Erfolge haben eine ganz neue Kraft in Ihnen geweckt. Sie sind auf dem Weg.

Aber Vorsicht! Dieser Weg ist tatsächlich ein Weg und kein Hundertmeterlauf. Wenn Sie zu schnell vorstürmen, werden Sie nicht ankommen. Die Luft wird Ihnen dabei ausgehen. Gehen Sie in einem angemessenen Tempo, lassen Sie sich Zeit für Gründlichkeit. Gründlichkeit geht in diesem Fall vor Schnelligkeit.

***Es ist nicht so wichtig,
wann Sie ankommen,
es ist allein wichtig,
dass Sie ankommen.***

Wenn Sie dann angekommen sind, müssen Sie auf einem soliden Fundament stehen. Wenn dieses Fundament brüchig ist, läuft Ihr Bauwerk Gefahr, sehr bald wieder in sich zusammenbrechen.

Ich weiß, derartige Aussagen sind nicht gerade populär. Die meisten Menschen möchten es schnell, direkt und ohne große Mühe. Leider gibt es auch genügend solcher Versprechungen: Alles ist machbar, alles ist möglich, du musst nur … Leider aber gibt es dieses „Nur" nicht. Das einzige, was es „nur" gibt, ist die konsequente Arbeit an sich selbst, und die ist wesentlich schwieriger als die Arbeit an anderen.

Nun möchte ich Sie keinesfalls entmutigen und noch einmal an das erinnern, was aus der Geschichte unseres Anwalts sichtbar wird.

Wenn wir unser Leben als Kampf betrachten, werden wir dabei verbluten, wenn wir es hingegen als Spiel betrachten, werden wir unsere Freude daran haben. Und dieser Wandel beginnt mit einem Paradoxon.

Der Erfolg beginnt damit,
dass wir das, was in unserem Leben
so elementar wichtig wäre,
nicht mehr so elementar wichtig nehmen.

Ja, dass wir uns selbst nicht mehr so wichtig nehmen, dass wir uns als Figur in einem Spiel sehen und dieses Spiel mit viel Übersicht von außen betrachten, so, wie es auch unser Anwalt im Endstadium seiner zweiten Geburt tat. Er tat im Prinzip nichts anderes, als er auch vorher getan hatte, nur sah er es jetzt anders und hatte eine andere Beziehung dazu entwickelt.

Die große Bremse „Angst“

Wenn wir die Angst überwinden,
ist uns der Weg frei.

Es gibt kaum ein Feld menschlichen Lebens, das nicht auch angstbesetzt sein könnte. Aus Angst vor dem Unbekannten halten wir oft am Bekannten fest, auch wenn uns das Bekannte in keiner Weise befriedigt. Aber da wissen wir wenigstens, was wir haben, auch dann noch, wenn wir im Prinzip fast nichts haben. Es könnte ja vielleicht noch schlimmer kommen.

Ich möchte Ihnen dabei helfen, die Angst zunächst einmal zu enttarnen und dann letztlich auch zu überwinden, denn ein Prozess der zweiten Geburt, der von Angst begleitet wird, ist ein ziemlich aussichtsloser Prozess. Die Angst wirkt lähmend auf jede Initiative. Was wir aber zu einem Erfolg brauchen, ist das genaue Gegenteil von Angst, es ist der Mut zur Bewegung auf allen Ebenen, es ist der Mut, auch einmal ganz andere Wege zu gehen.

Wir brauchen den Mut,
das Alte einzureißen,
um auf dem frei gewordenen Bauplatz
das Neue zu errichten.

Solange wir unseren Bauplatz noch mit altem Gerümpel blockieren, solange wir Angst haben, das Alte zu entsorgen, weil wir es ja vielleicht doch noch einmal gebrauchen könnten, verfügen wir eher über einen Schrottplatz als einen Bauplatz.

Also fangen wir an mit der Entrümpelung: Zunächst einmal gibt es zwei grundsätzliche Arten der Angst. Die Angst, die wir in einer Gefahrensituation unmittelbar erleben, bei einem Erdbeben z. B.

oder wenn unser Flugzeug in ein Luftloch fällt, bei einem über uns tobenden Gewitter, wenn uns jemand mit einer Waffe bedroht, uns ein bissiger Hund anfällt usw.

Die zweite Art der Angst ist die Angst, die etwas vorwegnimmt, was vielleicht sein könnte, was aber im Moment noch gar nicht ist. Dies ist die am weitesten verbreitete Angst. In direkte Gefahrensituationen der ersten Art geraten wir heute nur noch verhältnismäßig selten.

Nun ist diese zweite Gruppe der Angst eher positiv als negativ zu bewerten. Diese Art der Angst will uns ja im Prinzip davor bewahren, in eine echte Gefahrensituation zu geraten. Sie schützt uns vor unüberlegtem und leichtfertigem Tun. Sie ist so etwas wie ein unverzichtbarer Schutzmechanismus.

Wenn diese Art der Angst nicht wenigstens dann und wann einmal greifen würde, wäre unsere Lebenserwartung wohl sehr viel geringer. Ich wäre z. B. längst von einem Berg gestürzt, in einer Gletscherspalte verschwunden oder hätte mir beim Skifahren sämtliche Knochen gebrochen. Danke, liebe Angst, dass du mich davor bewahrt hast! Du bist mein Freund und nicht mein Feind.

Zum Feind kann diese Art der Angst aber dann werden, wenn sie den gesunden Maßstab verliert. Wenn sie uns auf Feldern ausbremst, auf denen in Wahrheit kein Grund zur Angst besteht.

Wenn Angst zu einer Lebenshaltung wird, die uns (natürlich nur zur Vorsicht) aus der Lebendigkeit des Lebens nimmt und (natürlich auch wiederum nur zur Vorsicht) in einen engen Käfig sperrt. Diese Art der Angst kann dann durchaus Krankheitswert bekommen und sollte dringend behandelt werden.

Da dies aber kein spezielles Buch über die vielfältigen Formen der Angst ist, wir aber andererseits bei unserem Hauptthema nicht ganz umhin kommen, auch über das zu reden, was möglicherweise ausbremst, möchte ich mich nur mit den Ängsten beschäftigen, die uns bei einem Prozess der zweiten Geburt im Wege stehen könnten, und diese Ängste sind ganz elementarer Art.

Lassen Sie mich zunächst noch einmal Folgendes in Erinnerung rufen. Der Mensch ist ein Wesen auf zwei verschiedenen Ebenen: der unbegrenzten, geistigen Ebene und der begrenzten, körperlichen Ebene. Die unbegrenzte, geistige Ebene, unser göttliches Erbe, das, was auch nach dem Tod unseres Körpers weiter existiert, die Seele, kann keine Angst haben – oder auch Gott müsste Angst haben können, wovon man noch nichts gehört hat.

Angst empfindet immer nur das, was wir gemeinhin als unser Ego bezeichnen, unsere begrenzte, körperliche Ebene. Für diese Ebene besteht durchaus Überlebensgefahr, und die Einstufung des Grades einer solchen Überlebensgefahr ist eine absolut subjektive Angelegenheit.

Sie richtet sich nach den Aufzeichnungen, die unser Unterbewusstsein in unserer Lebensspanne von unserer Zeugung bis zum jetzigen Zeitpunkt geprägt haben, und was da so alles prägend auf unser Unterbewusstsein wirkte, haben wir am Beispiel unseres Anwalts gesehen.

Diese Angst wird also immer von der unbewussten Ebene ausgelöst, und deshalb können wir auch mit unserem Verstand nur schwer dagegen ankommen. Wenn wir uns dies einmal bildhaft vorstellen, dann wäre es so, als würden wir ein Problem, das im Keller unseres Hauses aufgetreten ist, durch Diskussionen auf der dritten Etage beheben wollen. Ziemlich aussichtslos, die Ebenen stimmen nicht überein. Wir müssten uns schon in den Keller bemühen, um wirklich etwas ausrichten zu können.

Mit unserem Verstand können wir durchaus erkennen, dass wir keinen Grund zur Angst haben, aber die Angst kümmert sich nicht im Geringsten um die Erkenntnisse unseres Verstandes. Sie ist einfach da – und zwar höchst wirksam!

Ein Prozess der zweiten Geburt, ein Prozess also, der uns das Leben ganz neu betrachten lässt, der einen ganz neuen Maßstab etablieren will, steht damit ganz zwangsläufig im Gegensatz zu den bisher aufgezeichneten (Schein-)Wahrheiten unseres Unterbewusstseins und dies bedeutet dann auch automatisch Widerstand.

„Das konnte ich noch nie, das ist mir zu gefährlich – man weiß ja nie – gerade in dieser unsicheren Zeit – man hört ja auch so viel – was man hat, das hat man – lieber den Spatz in der Hand als die Taube auf dem Dach – andere müssen auch damit zurechtkommen – als wenn das so einfach wäre – man muss sich halt durchbeißen – das Leben ist nun einmal hart – schließlich hat man ja auch Verantwortung, hat etwas zu verlieren usw. usw.

Hätte unser Anwalt so gedacht, würde er heute immer noch „seinen Mann stehen" und sich durchs Leben beißen. Aufrecht und kämpferisch bis zum Tode – Geb. . . . Gest. . . . Er war uns immer ein Vorbild, wir werden ihm ein ehrendes Andenken bewahren, würde vielleicht sogar seine Anwaltskammer auf einer Kranzschleife verkünden.

Nun kommt das Paradoxe: Er hatte so gedacht, er hatte so gelebt und hätte auch so weiterhin gelebt. Erst die Zwangspause durch seine Krankheit hat ihn zum Umdenken gezwungen, hat ihm eine ganz andere Seite des Lebens gezeigt.

Aber warum sollten wir erst krank werden? Der Wandel wäre doch viel leichter durchführbar, wenn wir dabei gesund und voller Saft und Kraft blieben.

Das ist natürlich absolut richtig, wenn da nicht unser Unterbewusstein mit seinen Aufzeichnungen wäre. Es repräsentiert ausschließlich die Vergangenheit. Es kennt nur das, was war, und lässt auch nur das zu, was es auf der Grundlage des von ihm Erfahrenen mit der Zeit als Überlebensmodell entwickelt hat. Wo es keine Erfahrung hat, wo es keine Verhaltensmodelle entwickeln konnte, besteht für unser Unterbewusstsein jene akute Überlebensgefahr, vor der es uns mit allen Mitteln schützen will. Vorsicht – unbekanntes Terrain, höchste Gefahr, Rückzug!

***Bei unserem Prozess der zweiten Geburt
haben wir es also mit so etwas
wie einen ungebetenen Aufpasser zu tun.
Diesen Aufpasser gilt es auszuschalten.***

Wir können ihn aber nicht einfach umbringen, einsperren oder sonst wie mundtot machen. Er meint es ja auch grundsätzlich gut mit uns. Er will uns vor etwas bewahren, vor dem er uns – mangels Erfahrung – nicht schützen kann. Also gehen wir verständnisvoll oder sogar liebevoll mit ihm um.

Unser Aufpasser hat Angst, nicht wir haben Angst.

Sehen Sie, schon deshalb empfehle ich unbedingt den Weg der kleinen Schritte. Mit jedem kleinen Schritt, den wir machen, wächst auch die Erfahrung unseres Aufpassers, und damit gewinnt auch er mehr und mehr Sicherheit für den großen Schritt. Aber wie gehen wir nun liebevoll mit unserem ungebetenen Aufpasser um?

Lassen Sie mich dies an einem Beispiel verdeutlichen: Sie sind der Besitzer eines treuen und wachsamen Hundes, der Sie verteidigt, der Sie schützt, der Ihnen treu ergeben ist und der in seiner Wachsamkeit nie nachlässt.

Mit diesem Hund an der Leine machen Sie nun einen ausgedehnten Spaziergang. Aus einiger Entfernung kommt jemand winkend und gestikulierend auf Sie zu. Der Hund bleckt die Zähne, knurrt tief und drohend und zerrt an der Leine. Er will einen möglichen Angriff auf seinen Herrn unbedingt verhindern.

Als die winkende Person etwas näher kommt, erkennen Sie, dass es sich um einen Freund handelt, der Sie Ihrerseits schon von weitem erkannt hat. Der Hund hingegen, der diesen Freund noch nicht kennen gelernt hat, sieht nur einen Angreifer in ihm und will Sie schützen. Was machen Sie in diesem Fall?

Nun, ich denke mal, dass Sie den Hund zunächst einmal sehr kurz an die Leine nehmen oder vielleicht sogar direkt am Halsband anfassen. Dann werden Sie sich vermutlich zu ihm hinunterbücken, ihm beruhigend über den Kopf streicheln, ihm sagen, dass alles gut ist, dass er ein braver Hund sei usw.

Erst dann geben Sie Ihrem inzwischen eingetroffenen Freund die Hand. Der Hund registriert an Ihrer Gestik, wie auch am Tonfall Ihrer Begrüßung, dass keine Gefahr für Sie besteht, und legt sich nach einer Weile friedlich neben Sie auf den Boden.

Begegnen Sie diesem Freund nun erneut, erkennt der Hund seinen Geruch schon von weitem, weiß, dass er keine Gefahr bedeutet, und wird ihn vermutlich sogar schwanzwedelnd erwarten.

Ich empfehle Ihnen, in ähnlicher Weise auch mit Ihrem Aufpasser Unterbewusstsein umzugehen. Zeigen Sie Verständnis, nehmen Sie ihn kurz an die Leine, reden Sie, loben Sie, beruhigen Sie, und das Wichtigste: Identifizieren Sie sich nicht mit diesem Kläffer. Sie haben diesen Hund, aber Sie sind nicht dieser Hund. Sie sagen, wo es lang geht, Sie bestimmen die Richtung.

Wenn dieser Hund allerdings bisher mit Ihnen spazieren ging, statt umgekehrt, werden Sie ein etwas längeres Training brauchen. Aber das liegt dann nicht am Hund. Sie haben bisher etwas zugelassen, was Sie besser nicht zugelassen hätten. Also fangen Sie wenigstens jetzt an, Herr und Meister zu sein und die Richtung zu bestimmen. Ein Herr(chen) oder Frau(chen) genügt da nicht. Dies klingt zwar wesentlich freundlicher, nimmt aber auch gleichzeitig den Ernst aus Ihrem Anspruch.

Wenn wir von zwei Arten der Angst gesprochen haben, von der Angst in einer realen Gefahrensituation und jener Angst, die das mögliche Aufkommen einer Gefahrensituation lediglich vermutet und davor schützen möchte, dann gehört unser Beispiel eindeutig zur zweiten Gruppe.

Niemand hat Sie angegriffen, niemand beabsichtigte überhaupt Sie anzugreifen, es bestand keinerlei Gefahrensituation, nur Ihr Aufpasser vermutete auf Grund seiner Prägungen eine Gefahr und reagierte entsprechend.

Die zweite Art der Angst ist also niemals im Hier und Jetzt, sie ist immer nur eine Vorstellung, eine Idee, eine Vermutung. Wenn Ihr Aufpasser also kläfft und Sie vor etwas bewahren will, ziehen Sie ihn zunächst einmal auf die Ebene des Hier und Jetzt zurück.

Überprüfen Sie: Was weiß ich wirklich, was ist wirklich geschehen oder was geschieht wirklich? Würde ich mit diesen Indizien z. B. eine Gerichtsverhandlung gewinnen können, was sind wirkliche Fakten und was sind nur Vermutungen, Befürchtungen usw.?

Auch dazu ein Beispiel: Sie sitzen als Einzelperson in einem Gasthaus am Tisch und freuen sich auf das Essen, das Sie bestellt haben. Während Sie warten, bemerken Sie, dass Sie ein anderer Gast zwar verstohlen, aber doch unentwegt anschaut, was Ihnen irgendwie unangenehm ist. Die Gedanken beginnen in Ihrem Kopf zu kreisen:

Kenne ich den oder kennt der mich irgendwo her? – Was will der von mir? – Ist irgendetwas nicht in Ordnung an mir, Frisur, Kleidung? – War der nicht neulich sogar …? – Soll ich mich nicht besser an einen anderen Tisch setzen? – Will der mich ausspionieren? – Hat den vielleicht sogar jemand beauftragt? – Will er mich nachher vielleicht ausrauben oder mir sonst etwas antun? – Sollte ich nicht besser die Polizei … oder sollte ich einfach auf ihn zugehen und ihn fragen, warum er mich so unentwegt anschaut usw? Was würden Sie tun?

Wir können die Geschichte beliebig fortsetzen. Sie kann so weit gehen, dass Ihnen das Essen, auf das Sie sich ja eigentlich gefreut hatten, nicht mehr schmeckt, dass Sie den Ober fragen, ob er den Gast und vielleicht sogar seinen Namen kennt, dass Sie sich zur Vorsicht abholen lassen, statt das Lokal alleine zu verlassen usw. usw.

Die Art Ihrer Reaktion ist allein von den Aufzeichnungen Ihres Unterbewusstseins abhängig, denn Ihr Verstand bedient sich bei seiner Gedankenanalyse immer und ausschließlich der Aufzeichnungen Ihres Unterbewusstseins. Hier sind unsere Konditionierun-

gen verankert, und auf welchem Weg wir konditioniert werden, haben wir ja an der Geschichte unseres Anwalts gesehen.

Sind Sie ein sehr selbstbewusster Mensch, finden Sie es ganz normal, dass Sie jemand anschaut. Sie schauen sich ja auch gerne an, und der- oder diejenige, die Sie da betrachtet, hat offensichtlich einen sehr guten Geschmack.

Sind Sie sich Ihrer selbst nicht sicher, suchen Sie sofort einen Fehler bei sich selbst. Wahrscheinlich rennen Sie unverzüglich zur Toilette, um sich im Spiegel zu betrachten und noch einmal alles zu überprüfen.

Sind Sie ein ängstlicher Mensch, überlegen Sie sofort, wie Sie sich schützen können, rufen übers Handy vielleicht jemand an, der bitte sofort kommen und Sie abholen möge usw.

Passiert ist in Wahrheit rein gar nichts. Jemand hat Sie auffallend interessiert angeschaut, na und? Gehören Sie etwa zu den Unanschaubaren? Wäre es nicht bedenklicher, wenn Sie niemand anschauen würde? Möge er schauen, solange er will, was geht es Sie an?

Sehen Sie, das ist das, was ich unter „Zurückholen ins Hier und Jetzt“ verstehe. Wenn Ihr Aufpasser Sie wieder einmal vor irgendetwas schützen will, reduzieren Sie seine Gedankengänge auf die absoluten Fakten.

Versuchen Sie, seine Phantasien zu entzaubern, aber bitte liebevoll. Signalisieren Sie Verständnis, versuchen Sie über den Dingen zu stehen und sich nicht hineinziehen zu lassen.

Er will Ihnen nichts Böses, er will Sie nur an einer völlig falschen Stelle schützen.

Auch dazu möchte ich Ihnen noch eine kleine Geschichte erzählen: Mein Auto, ein Rover 75, besitzt – wie heute üblich – eine funkgesteuerte Zentralverriegelung und damit gekoppelt einen elektronischen Diebstahlschutz, der automatisch die Hupe ertönen lässt, wenn jemand, ohne den passenden Schlüssel zu besitzen, ein Fenster, eine Tür oder den Kofferraum öffnen will. Daneben wird automatisch die Zündvorrichtung gesperrt, wenn ich das Auto verschließe. Eine durchaus sinnvolle Einrichtung, die mich vor Verlust des Fahrzeugs bewahren soll. Sie kennen das sicher.

Diese durchaus sinnvolle Einrichtung wendete sich allerdings total gegen mich, als ich in einem Schweizer Skiort, samstagabends um 18 Uhr, noch so gerade die notwendigen Einkäufe in einem Supermarkt tätigen konnte, in den Kofferraum lud und beim Zuschlagen des Kofferraums mit Entsetzen feststellte, dass sich nun auch der Fahrzeugschlüssel, den ich kurz aus der Hand gelegt hatte, im Kofferraum befand. Auch unsere warmen Jacken, die wir ja im Supermarkt nicht brauchten, befanden sich im Innenraum des Fahrzeugs.

So standen wir nun frierend und ratlos, an einem Samstagabend um 18 Uhr, in einem kleinen Skidorf in der Schweiz, vor unserem rundherum gesicherten Fahrzeug. Etwas, was zu unserem Nutzen sein sollte, etwas, was uns vor Verlust schützen sollte, hatte sich nun total gegen uns gewendet, hatte uns im wahrsten Sinne des Wortes selbst ausgesperrt. Der Zweitschlüssel, der uns hätte retten können, befand sich natürlich zu Hause.

In meiner Verzweiflung rief ich das Autohaus in Deutschland an, bei dem ich das Fahrzeug gekauft hatte, und erreichte auch tatsächlich noch den Inhaber, der mir versicherte, dass es keine andere Möglichkeit geben würde, als das Kofferraumschloss aufzubohren, um wieder an den Schlüssel zu kommen.

Nun, an der Tatsache, dass ich dieses Buch schreiben konnte, sehen Sie, dass wir nicht immer noch vor dem Supermarkt stehen und tatsächlich noch jemanden fanden, der das Kofferraumschloss aufbohrte – natürlich nicht ohne lauten Protest der Hupe und entsprechenden Lackschaden.

Aber warum erzähle ich Ihnen diese Geschichte? Nun, es gibt so einige Parallelen zu unserem Stoff.

Je perfekter das System ist, das uns vor etwas bewahren soll, desto perfekter kann es uns auch selbst ausschließen.

Wenn wir auch nur einen Moment nicht wachsam sind, kann die Falle zuschlagen.

Wenn wir uns selbst keinen Rat mehr wissen, brauchen wir kompetente Hilfe von außen, um nicht an den falschen Stellen zu versuchen, das Problem zu beheben.

Die Problembehebung wird nie ohne lauten Protest unseres Sicherungssystems, wie auch einiger Kratzer an unserer Hochglanzlackierung vonstatten gehen.

Der Zweitschlüssel wäre unsere Chance, wenn wir ihn nicht „zur Sicherheit“ zu Hause lassen würden.

Zu Risiken und Nebenwirkungen

… lesen Sie die Packungsbeilage oder fragen Sie Ihren Arzt oder Apotheker

Sie kennen diesen berühmten Satz aus der Werbung. Also, Ihren Arzt oder Apotheker müssen Sie nicht fragen. Die mit Ihrer zweiten Geburt verbundenen Nebenwirkungen kann ich Ihnen auch hier sehr schnell deutlich machen.

So, wie Sie sich ändern, ändert sich ganz zwangsläufig auch Ihr Umfeld. Sie senden eine andere Energie aus und diese andere Energie zieht andere Menschen und auch andere Dinge und Umstände an, als Sie sie bisher angezogen haben.

Das hermetische Gesetz der Schwingung: Gleiches zieht Gleiches an, Ungleiches stößt einander ab. Öl und Wasser verbinden sich nicht.

Einige, mit denen Sie sich bisher gut verstanden haben, werden den Kopf über Sie schütteln und Sie nicht mehr verstehen, andere, zu denen Sie bisher keinen Zugang hatten, werden Ihnen dafür näher rücken.

Der Versuch, weiterhin allen gerecht zu werden und deren unterschiedlichen Vorstellungen zu entsprechen, ist absolut aussichtslos.

Sie hätten vermutlich auch kein Interesse mehr daran. Sie können nur zu sich selbst stehen, Ihren eigenen Vorstellungen gerecht werden und unbeirrt Ihren Weg gehen. Zu einem anderen Verhalten haben Sie keinerlei Veranlassung. Dies gilt zwar auch völlig unabhängig von einem Prozess der zweiten Geburt, ist aber gerade hier von ganz besonderer Wichtigkeit.

Sie wirken zwar anziehend auf andere Menschen, einige möchten auch so sein wie Sie, und trotzdem wecken Sie auch gleichzeitig so etwas wie Unsicherheit und Vorsicht in ihnen.

„Ich möchte zwar gern, nur dürfen traue ich mich nicht." Denken Sie immer daran, dass sicher weit über neunzig Prozent der Menschen weiterhin in den täglichen Lebenskampf ziehen, sich selbst und auch das Leben furchtbar ernst nehmen und von einem spielerischen Umgang mit der Schöpfung noch meilenweit entfernt sind.

Das Unterbewusstsein dieser Menschen ist so geprägt, dass es für Ihre neue Art, das Leben zu betrachten, kein Verhaltensmuster entwickelt hat und deshalb zunächst einmal abblockt, um seinen Besitzer zu schützen. Auch hier führt dann nur der liebevolle Umgang mit dem ungebetenen Aufpasser zu einer Lockerung. Signalisieren Sie Verständnis. Beziehen Sie die Unsicherheit der anderen keinesfalls auf sich. Sie machen nichts falsch.

Der Kreis der Menschen, mit denen Sie sich wirklich verstehen und mit denen so etwas wie ein Austausch stattfinden kann, wird sehr viel geringer werden, als er es bisher war. Die Luft um Sie herum wird dünner. Quantitativ kaufen Sie sich ein Stück Einsamkeit ein, qualitativ erleben Sie dafür eine umso größere Bereicherung.

In dieser Art Einsamkeit sind Sie sich selbst und der allumfassenden Quelle näher, als Sie es jemals waren.

Für oberflächliches Gequatsche stehen Sie immer weniger zur Verfügung und suchen dafür mehr Substanz in einem Gespräch. Sie können ein beredtes Schweigen führen und niemand muss Sie unterhalten.

Sie bevorzugen tiefes statt seichtes Wasser, was keinesfalls mit Humor- oder Freudlosigkeit verwechselt werden darf. Wer nicht über sich selbst und das Leben lachen kann, ist wahrhaft arm. Freude aber, die aus dem Tiefgang kommt, ist tiefer als jede oberflächliche Freude.

Wenn Sie in einer Partnerschaft leben, ist es wichtig, dass Ihr Partner mitzieht, oder Sie haben sich bald nur noch wenig zu sagen. Die Ebenen stimmen nicht mehr überein. So, wie Sie und Ihr Partner in der dauernden Bewegung der Schöpfung einmal zueinander gedriftet sind, besteht nunmehr die Gefahr, dass Sie auseinanderdriften.

Nichts bleibt so, wie es ist, nichts bleibt auch nur eine Sekunde stehen. Alles fließt ein und aus.

Sie haben das Recht zu Ihrem Weg und niemand hat das Recht, Sie zu blockieren. Wenn ein Partner Sie liebt, wird er Sie auf Ihrem Weg unterstützen. Wenn er nur das geliebt hat, was er von Ihnen hatte, wird er nun möglicherweise enttäuscht sein:

„Als ich dich kennen gelernt habe, warst du ganz anders." Das ist sicher richtig und wahrscheinlich ist auch der Partner, der dies sagt, heute ganz anders. Es wäre wirklich schade, wenn sie beide stehen geblieben wären. Die Schöpfung läuft unbeirrt weiter. Niemand bekommt da eine Ausnahmegenehmigung.

Auch Ihre Beziehung zum Geld wird sich vermutlich ändern. Geld verliert seine Schlüsselposition. Sie benutzen es als Treibstoff, wenn es da ist, und benutzen halt das Fahrrad, wenn kein Treibstoff da ist. Von Ihrem Weg kann Sie das nicht abbringen

Dies hat dann wiederum die kleine Nebenwirkung, dass sich möglicherweise Geldprobleme umso schneller auflösen, je weniger fixiert und verkrampft Sie damit umgehen.

Mehr Risiken und Nebenwirkungen bestehen eigentlich nicht. Dies war doch eine vergleichsweise harmlose Packungsbeilage – oder nicht?

Vertrauen Sie darauf, dass auch Sie geführt werden und dass grundsätzlich nichts gegen Sie, sondern immer nur für Sie geschieht. Auch wenn Sie es nicht immer gleich erkennen.

Ich wünsche Ihnen einen guten Weg und Gottes Segen.

Ihr

Matt Galan Abend

Über die Künstlerin

Anette Kramer,
geboren 1959 in Burghaun (Hessen),
verheiratet, 2 Kinder,
künstlerisch tätig seit 1986.
Kunststudium bei Professor Milivoje Unkovic,
seit 2005 Dozentin für Kindermalkurse
bei der VHS des Landkreises Fulda,
lebt und arbeitet in Hünfeld.

Matt G. Abend

Privatpraxis für neue Psychologie,
Psychotherapie und ganzheitliche Lebensheilung

GALAN-MASTER-TRAINING
„DER WEG ZUR MEISTERSCHAFT DES LEBENS"

EINZELBETREUUNG IN ALLEN BERUFLICHEN
UND PRIVATEN PROBLEMSTELLUNGEN.
EINZEL-INTENSIVWOCHEN UND SEMINARE.

Ihre Kontaktmöglichkeit zum Autor:
E-MAIL: GALANMASTER@AOL.COM
HOMEPAGE: WWW.GALAN-MASTER-TRAINING.DE

Weitere Bücher aus dem Verlag Via Nova:

Räum dein Leben auf!

2. Auflage

100 % mehr Lebensfreude

Matt Galan Abend

Hardcover, 144 Seiten, 41 z.T. ganzseitige Zeichnungen, ISBN 978-3-86616-060-6

Der Mensch ist eingeschlossen in ein Gefängnis aus Konditionierungen, wie „man" zu sein hat, was „man" tut, was „man" von ihm erwartet, was „man" von ihm denkt usw. Der Mensch „kämpft" um alles und jedes, um sein Ansehen, um sein Geld, um seine Gesundheit, seine Sicherheit, seinen Arbeitsplatz oder was auch immer. Leichtigkeit, Lebenslust und Lebensfreude bleiben dabei meist auf der Strecke. Wenn wir gründlich Hausputz halten, wenn wir uns aus dem Dickicht unserer Konditionierungen befreien, wenn wir endlich aufräumen und das berühmte „Man" aus unserem Leben verbannen, wenn wir die Sorge darum verlieren, wie andere über uns denken, wenn wir die Angst überwinden, unseren Partner, unseren Job oder gar unser Geld zu verlieren, wenn wir den Maßstab in uns selbst und nicht im Außen finden, kann dies so etwas wie unsere zweite Geburt sein. Aber diese Änderung kann immer nur von innen nach außen, und niemals von außen nach innen erfolgen. Die vielen künstlerischen Zeichnungen von Annette Kramer unterstützen die eindringlichen Aussagen des Buches.

Sprechstunde mit dem inneren Arzt

Wecke die Heilkräfte in dir selbst

Matt Galan Abend

Hardcover, 160 Seiten, ISBN 978-3-86616-071-2

Dieses Buch ist vor allem für Laien geschrieben und erklärt in verständlicher Sprache, wie typische Verhaltensmuster zu ebenso typischen Krankheitsbildern, zu sogenannten Zivilisationskrankheiten führen wie Rückenbeschwerden, Tinnitus, Stress-Syndrom, Bluthochdruck, Sexualstörungen u.a. Der Autor beleuchtet auch den psychischen Hintergrund. Sein Modell der 5 Ebenen beweist, dass eine Erkrankung immer den ganzen Menschen betrifft.
Aber wie wir uns selbst krank machen, können wir uns auch selbst wieder gesund machen. Wir können die Gesundheit unserer unbegrenzten Geistebene auch auf unsere begrenzte körperliche Materie übertragen, indem wir uns unserer eigenen Kraft, heilsamer und unheilsamer Energiefelder bewusst werden, die Erkrankung als Aufgabe annehmen und die richtigen Techniken anwenden.
An praktischen Beispielen wird erklärt, wie wir uns selbst testen können, ob Medikamente uns nützen oder schaden, wie wir die Wirkung medizinischer Therapien beträchtlich steigern und vermeiden können, dass eine Krankheit chronisch wird.

Leben heißt Loslassen

2. Auflage

Alles, was wir festhalten, hält auch uns fest

Matt Galan Abend

Hardcover, 168 Seiten, ISBN 978-3-86616-024-8

Das Besitz anzeigende Fürwort MEIN ist sicher eines der meist gebrauchten Wörter unserer Sprache. Aber in Wirklichkeit ist nichts von dem, was wir für MEIN halten, wirklich unser Eigentum. Menschen schon gar nicht, und auch die materiellen Besitztümer, die wir mal mehr, mal weniger zur Verfügung haben, sind Leihgaben, mit denen wir eine Weile spielen dürfen. Wenn das Spiel unseres Lebens abgepfiffen wird, verlassen wir das Spielfeld, aber die Dinge können wir nicht mitnehmen. Fällt uns das Loslassen bei Dingen noch einigermaßen leicht, so haben wir große Schwierigkeiten mit dem Loslassen gegenüber unseren Kindern, Partnern, Freunden, unseren Vorstellungen, Plänen, Wahrheiten – die Liste lässt sich leicht verlängern. Wir machen uns gar nicht klar, wie viel Energie uns das Festhalten kostet. Aber nur wenn wir loslassen, können wir uns dem ständigen Wandel des Lebens, dem Entstehen und Vergehen, dem Kommen und Gehen anvertrauen, nur dann können wir im Fluss der Schöpfung sein.

Das Doppel-Ich

Eine authentische Lebensgeschichte

Matt Galan Abend

Hardcover, 160 Seiten, ISBN 978-3-86616-029-3

Ihrem Wesen nach sind die beiden Ebenen des Menschen unvereinbar. Eine lebenslange Zerreißprobe. Die eine Ebene will, die andere Ebene bremst. Die unbegrenzte Seele sagt z. B. ja, der begrenzte Verstand analysiert, sagt nein, morgen wieder ja und übermorgen ... Lösbar ist dieser Dauerkonflikt letztlich nur durch eine Identifikation unseres ICH mit unserer geistigen Ebene. Der Autor schildert diesen inneren Führungskampf aus der Sicht der inkarnierten Seele. In eine kleinbürgerliche Familie geboren, hat sich der Verfasser das Bewusstsein seiner ganzheitlich-göttlichen Herkunft bewahrt und sieht sein Leben aus dieser Perspektive. Die Seele hält Distanz zu ihrem „menschlichen Persönlichkeit", beobachtet sie, kommentiert ihr Verhalten und Handeln, trickst sie aus, wird von ihr ausgetrickst, arrangiert sich mit ihr und setzt sich endlich durch, um zusammen mit ihr die Lebensaufgabe zu lösen. Sympathisch ist der trocken-schlagfertige Stil, in dem der Verfasser sein Leben beschreibt, ohne Wehleidigkeit, nüchtern, sachlich, witzig. Dieses Buch vermittelt dem Leser einen authentischen Einblick in tiefere Schichten des Menschen.

Der individuelle Weg zu Gott

Matt Galan Abend

Hardcover, 120 Seiten, ISBN 978-3-86616-018-7

C. G. Jung hat einmal sinngemäß gesagt, dass von einem bestimmten Punkt an alle psychischen Probleme der Menschen religiöser Natur sind. Als Psychologe und Psychotherapeut begegnet der Verfasser täglich den Sorgen, Zweifeln und Ängsten der Menschen, die, sofern sie überhaupt noch an Gott glauben, mit Gott unlösbar erscheinende Schwierigkeiten haben. Gibt es angesichts der Ungerechtigkeiten und des Elends in der Welt einen gerechten, liebenden Gott? Wie kann er zulassen, was in der Welt an Bösem geschieht? Warum gibt es überhaupt das Böse? Gibt es einen Himmel und eine Hölle? Gibt es eine Wiedergeburt? Hat es überhaupt Sinn zu beten? Wie ist Gott? Brauchen wir Fürsprache bei ihm? Dies sind Fragen, denen sich der Verfasser in seiner Praxis immer wieder gegenüber sieht. Und welche Antworten kann er den Menschen geben? Gott ist kein Tyrann, sagt er, er will uns nicht bestrafen, er hat uns nicht gekündigt, er will uns keine Furcht vor ihm und seinen unerforschlich erscheinenden Ratschlüssen einjagen, denn wir sind ja nicht getrennt von ihm, sondern in ihm.

Anders von Gott reden

Willigis Jäger

Hardcover, 120 Seiten, 20 farbige Zenbilder, ISBN 978-3-86616-061-3

Der charismatische Benediktinermönch und Zen-Meister Willigis Jäger interpretiert in seinem Buch „Anders von Gott reden" biblische Texte, Ereignisse und Personen in einer neuen, ungewohnten Sichtweise als symbolische Darstellungen einer kosmisch-göttlichen Botschaft, die Evolution des Seins und des Lebens, den Menschen und die Natur als Manifestationen Gottes: Gott ist für ihn das Urprinzip, die Urkraft, die sich in jedem Augenblick ereignet, seine Schöpfung ist sein Tanz, der Mensch ein Tanzschritt, eine Welle im Meer des Göttlichen. Die christliche Botschaft wird erweitert und vertieft, christliche Feste wie Weihnachten, Erscheinung des Herrn, Ostern, Maria Himmelfahrt, auch Begriffe wie „Reich Gottes" und „Leid" erhalten durch seine Deutung und Erklärung eine mystisch-spirituelle Dimension, werden als Möglichkeiten zur Wiedergeburt, Auferstehung und Erfahrung des Göttlichen im Menschen gesehen und dargelegt. Wer auf der Suche nach einem tieferen und ganzheitlichen Verständnis seines Christseins ist, für den ist dieses Buch eine Offenbarung. Seine Denkanstöße, seine klare, eindringliche Sprache faszinieren und überzeugen.

Mit Yoga Nidra das Leben meistern

Das Energiepotenzial des Unbewussten erkennen und die Kreativität der Alpha-Ebene nutzen

Anna Röcker

Hardcover, 192 Seiten, ISBN 978-3-86616-069-9

Leicht erlernbare „magische" Praktiken ermöglichen es auf verblüffend einfache Weise, die Fähigkeiten des Geistes optimal und zielgerichtet zu nutzen. Auf verschiedenen Stufen führt Yoga Nidra von einer ganzheitlichen, tiefen Entspannung bis hin zur Lösung von alten Mustern und Blockaden sowie Programmierungen aus der Kindheit. Davon frei zu werden eröffnet völlig neue Möglichkeiten, die innere Stimme zu hören und das eigene kreative Potenzial zu entwickeln und für die eigene Lebensgestaltung einzusetzen. Im besten Sinne führt Yoga Nidra nicht nur zur eigenen Weiterentwicklung und inneren Freiheit, sondern zur Mitgestaltung und Erhaltung der Schöpfung. Yoga Nidra ist für jeden Menschen geeignet, da es sich um ein in sich schlüssiges System handelt. Das uralte Yoga Nidra-Wissen wird damit zum Schlüssel für die „neue Zeit", von der die moderne Gehirnforschung spricht.

Vom Urknall zur Erleuchtung

Die Evolution des Bewusstseins als Ausweg aus der Krise

Christian Brehmer

Hardcover, 280 Seiten, Großformat, 140 vierfarbige Fotos, 130 Grafiken
ISBN 978-3-86616-064-4

„Du kannst das Problem nicht lösen auf der Ebene, wo das Problem seine Wurzeln hat", sagte Albert Einstein. Es lässt sich nur von einer übergeordneten Ebene aus lösen. In diesem Buch geht es um die Umrisse dieser übergeordneten Ebene, einer neuen Bewusstseins- und Erkenntnisebene. Sie wird uns evolutionär erschlossen. Und um sie besser einzuordnen, befassen wir uns mit der faszinierenden Geschichte der Evolution, mit unserer Stammesgeschichte. Da gab es mehrere Phasenübergänge: nach der Entstehung des Universums mit dem Urknall die kosmische Evolution, dann den Übergang zur biologischen, zur chemischen, zur mentalen und zur technisch-kulturellen Evolution der Gegenwart. Und die Evolution geht weiter. Sie drängt in die Zukunft. Indem wir uns mit der in diesem Buch erstmals erarbeiteten Theorie der Phasenübergänge auseinandersetzen, gewinnen wir Überblick über das, was uns bevorsteht: die supramentale Evolution, die Erleuchtung, und mit ihr die Lösung der individuellen und kollektiven Probleme von der Wurzel her. Aber es bleibt nicht bei der Theorie. Im Buch finden wir konkrete Hinweise zur evolutionären Erweiterung des Bewusstseins und zur praktischen Neugestaltung unseres persönlichen und gesellschaftlichen Lebens.

Wo Engel gehen auf leisen Sohlen

Wie Sie Beziehungen erfolgreich und harmonisch gestalten können

2. Auflage

Chuck Spezzano

Hardcover, 304 Seiten, ISBN 978-3-86616-056-9

„Narren stürmen blind voran, wo Engel gehen auf leisen Sohlen." Unter diesen von dem britischen Schriftsteller Alexander Pope geprägten Satz stellt Chuck Spezzano sein neues Buch. Wieder einmal geht es um menschliche Beziehungen, und wieder einmal ist es dem weltbekannten Lehrer und Experten in der Kunst von Beziehungen hervorragend gelungen, seine neuesten Erkenntnisse auf unterhaltsame, spannende und zugleich unnachahmlich humorvolle Weise zu Papier zu bringen. In 101 abgeschlossenen Kapiteln zeigt er anhand zahlreicher „wahrer Begebenheiten" aus seinem eigenen Leben und praktischer Beispiele aus den unzähligen Seminaren, die er seit vielen Jahren auf der ganzen Welt leitet, in welche Beziehungsfallen Menschen tappen und wie sie sich schnell und erfolgreich daraus lösen können, um ihre Beziehungen zu einem wahren „Kunstwerk" zu gestalten. Der „neue Spezzano" zeigt einmal mehr richtungweisende psychologische und spirituelle Wege auf, die uns zu glücklichen Beziehungen und damit auch zu einem glücklicheren Leben führen können.

Die Lamafrau

Mit Mut in ein neues Leben

Maria Köllner

Paperback, 200 Seiten
ISBN 978-3-86616-072-9

In diesem Buch wird die authentische Geschichte einer Frau erzählt, die sich auf eine lange Suche nach dem Traum ihrer Kindheit begibt – einem Hof mit Tieren. Mit Mut und einem wachsenden Vertrauen in einen „Weltenlenker", der sie sicher führt, findet sie ihren Weg in ein glückliches Leben, das Probleme natürlich nicht ausschließt. Zu einer Schlüsselfigur wird das Zirkuslama „Sancho" – deshalb auch der Name „Lamafrau", den sie sich selbst gibt, als sich ihr Traum zu erfüllen beginnt. Dieses Buch soll dem Leser Mut machen, das Leben vertrauensvoll im Glauben an sich selbst und an eine höhere, wohlwollende Macht zu meistern, alte Räume und Verletzungen hinter sich zu lassen und Neues zu wagen. Die Autorin möchte ein gefühlvolles Verständnis für die Natur und besonders für Tiere vermitteln, die auf dem neuen Weg ihre Lehrer wurden. Die „Mutregeln" nach jedem Kapitel sind ein Resümee und gleichzeitig eine Ermunterung für die Leser. Wer einen Wegweiser für sich und Ermutigung sucht, wird in diesem Buch beides finden.

Dein Seelenhaus

Ein direkter Weg mit der Seele zu sprechen

Peter Reiter

Hardcover, 200 Seiten
ISBN 978-3-86616-062-0

Spielerisch die eigene Seele erkunden, Vorzüge und Defizite seiner Persönlichkeit in wenigen Minuten erkennen lernen und dabei auch noch Spaß und Entdeckerfreude haben – geht das? Ja, mit der hier vorgestellten und neu entwickelten Methode von Dr. Peter Reiter ist dies einfach.
Nicht nur, dass Sie endlich wissen werden, welche Talente und Fähigkeiten in Ihnen schlummern, Sie erkennen in diesem Bild des Seelenhauses sofort, schnell und sicher Ihre Defizite oder Bereiche, die der Zuwendung, Entwicklung und Heilung bedürfen. Sie verändern mit dem Umbau des Seelenhauses auch Ihre Seelenmuster und von da ausgehend auch Ihre äußere Erscheinung und Ihr Verhalten zur Mitwelt. Dies funktioniert bei Ihnen selbst wie auch bei Ihren Freunden, Kindern, Partnern oder Klienten und Patienten – eine kurze Bildmeditation genügt, um das Innere zu erfassen. Es geschieht mühelos, nur über eine entsprechende Visualisation und Absicht, denn die Lebensenergie folgt den Gedanken oder Bildern.

Erwachen in die Kraft der Seele

Ein Weg in die Selbstmeisterschaft und göttliche Entfaltung

Roswitha Köhler

Hardcover, 368 Seiten
ISBN 978-3-86616-078-1

Dieses Buch gibt Über- und Einblicke in die verschiedenen Dimensionen der Seele und vermittelt zugleich eine Fülle praktischer Übungen, um die Seele erfahren und entwickeln zu können und im Innern von ihr beglückt zu werden. Aus dem bewussten Kontakt mit den eigenen inneren Quellen erwächst die Kraft, mit verstärktem Engagement die Aufgaben des Lebens zu bewältigen. Zur Klärung psychisch-seelischer Aspekte zeigt die Autorin Methoden tiefer Selbstheilung auf und bietet Herz und Verstand eine Fülle spiritueller Wege zur Reifung des Selbstbewusstseins an. Erwachen geschieht durch Bewusstseins-Erweiterung und -Wandel auf verschiedenen Entwicklungsstufen (Ken Wilber). Zur Zeit ist es notwendig, unsere einseitige intellektuelle Weltsicht ganzheitlich in einen global-kosmischen Zusammenhang zu stellen. In wacher Hingabe an die weisheitsvolle und weise Führung unserer Seele erstarkt unsere Liebesfähigkeit und entfaltet sich letztlich das Göttliche.